DROGAS: PREVENÇÃO E TRATAMENTO

O QUE VOCÊ QUERIA SABER E NÃO TINHA A QUEM PERGUNTAR

Daniela Pinotti Maluf

Edson Henry Takei

Lygia Vampré Humberg

Marine Meyer

Thais Helena Mourão Laranjo

CLA editora

2002

Editor: Fabio Humberg
Capa: Rogério Soares de Arruda Pinto
Projeto gráfico: João Carlos Porto
Revisão: Adriana Fonseca

Dados Internacionais de Catalogação na Publicação (CIP)
(Câmara Brasileira do Livro, SP, Brasil)

Drogas : prevenção e tratamento : o que você queria saber e não tinha a quem perguntar / Daniela Pinotti Maluf. . . [et al.]. -- São Paulo : Editora CL-A Cultural, 2002.

Outros autores: Edson Henry Takei, Lygia Vampré Humberg, Marine Meyer, Thais Helena Mourão Laranjo
Bibliografia.

1. Drogas - Abuso - Obras de divulgação 2. Drogas - Abuso - Prevenção 3. Drogas - Abuso - Tratamento I. Maluf, Daniela Pinotti. II. Takei, Edson Henry. III. Humberg, Lygia Vampré. IV. Meyer, Marine. V. Laranjo, Thais Helena Mourão.

02-4253 CDD-362.29

Índices para catálogo sistemático:

1. Drogas : Abuso : Problemas sociais 362.29

Editora CLA Cultural Ltda.
Rua Coronel Jaime Americano 30 – salas 12/13
05351-060 – São Paulo – SP www.editoracla.com.br
Tel.: (11) 3766-9015 e-mail: editoracla@editoracla.com.br

Impresso no Brasil – outubro/2002

ÍNDICE

"Tecendo a manhã"

Um galo sozinho não tece uma manhã:
ele precisará sempre de outros galos
De um que apanha este grito que ele
e o lance a outro; de um outro galo
que apanhe o grito que um galo antes
e o lance a outro; e de outros galos
que com muitos outros galos se cruzem
os fios de sol de seus gritos de galo,
para que a manhã, desde uma teia tênue,
se vá tecendo entre todos os galos.
E se encorpando em tela, entre todos,
se erguendo tenda, onde entram todos,
se entretendo para todos, no toldo
(a manhã) que plana livre de armação.
A manhã, toldo de um tecido tão aéreo
que, tecido, se eleva por si: luz balão.

João Cabral de Melo Neto

Introdução

A idéia de escrever o livro surgiu da vontade de contribuirmos para a literatura na área de tratamento e prevenção ao uso indevido de drogas de forma acessível ao público em geral, sem ser superficial. Essa proposta originou-se da reflexão crítica do trabalho desenvolvido pelos autores em suas respectivas áreas de atuação e do conhecimento científico acumulado.

Existem diversas possibilidades de abordar o tema drogas. A escolhida por nós foi a de estabelecer com o leitor um diálogo descontraído sobre as questões mais freqüentes, de forma a compartilhar nossas experiências com profissionais, familiares e interessados.

O livro tem como objetivo ser prático, inserindo questões relativas ao uso de drogas no contexto social atual, oferecendo diretrizes para desenvolver um programa de prevenção, abordando vários aspectos relativos à personalidade do dependente e sua família e ao tratamento, assim como exemplos de situações reais seguidas de comentários e dicas de filmes, sites *e livros.*

Ao escrevermos o livro, preocupamo-nos tanto com o conteúdo quanto com o processo de confecção. Cada autor escreveu seu capítulo, que foi discutido por todos e reescrito, absorvendo os comentários e sugestões dos colegas. O livro reflete essa construção coletiva, procurando respeitar o estilo e a especialidade de cada um dos autores, tal como acreditamos que aconteça na prevenção e tratamento do uso indevido de drogas, em que um trabalho coletivo apresenta melhores resultados. Os capítulos são encadeados, porém independentes, o que dá certa liberdade ao leitor para escolher o caminho que pretende percorrer durante a leitura.

Esperamos que para você, leitor, a experiência com este livro seja tão agradável e rica como foi para nós.

Os autores

Capítulo 1

Sociedade, história e drogas: a complexa trama de interesses

Thais Helena Mourão Laranjo

"Se procurar bem, você acaba encontrando não a explicação (duvidosa) da vida, mas a poesia (inexplicável) da vida".

Carlos Drummond de Andrade

Para qualquer análise sobre o uso de drogas, é importante estar atento a três fatores intrinsecamente relacionados: indivíduo, sociedade e droga. O uso de drogas implica a presença de uma pessoa com suas características particulares, que se utiliza de uma substância para obter determinados efeitos em um dado contexto sócio-cultural.

Em muitos textos atuais, verificamos que a atenção costuma estar centrada nas informações sobre as características específicas de cada droga, como sua composição e seus efeitos, e naquelas que auxiliem no tratamento dos problemas imediatos do dependente e de seus familiares. A relevância deste último aspecto se dá pela urgência do problema quando se está desesperado, buscando soluções para um filho, pai, mãe, aluno ou amigo dependente de drogas. Essa situação reflete também uma tendência muito forte e atual de procurar explicações para as questões de saúde exclusivamente no corpo biológico, o que tem se mostrado insuficiente para explicá-las.

A análise dos componentes sociais, históricos e culturais se apresenta como uma forma de ampliar a compreensão dos motivos que geram, em determinados momentos, um aumento na incidência de algumas doenças (entre elas a dependência de drogas) e dos preconceitos relacionados a elas.

Nós somos levados a pensar e agir de acordo com os (pré) conceitos embutidos nos valores culturais vigentes. Esses valores estão presentes em nossa forma de analisar os fatos, na maior ou menor tolerância a determinados comportamentos e até mesmo na compreensão do que é certo ou errado. É fundamental aprender a ser crítico às verdades que nos são impostas como indiscutíveis, pois assim podemos ter uma inserção social menos submissa. Não se trata de jogar no lixo os valores sociais, pois eles têm como função coibir determinados comportamentos – o que regula e dá uma certa ordem à sociedade. Trata-se de se ter liberdade para pensar e duvidar.

Proponho que se mantenha o respeito pelo indivíduo, tanto ao que usa drogas às vezes, quanto ao dependente e a quem nunca usou. Pode parecer estranho, mas a intolerância existe nesses diferentes segmentos e essas atitudes estão baseadas, muitas vezes, em pré-conceitos mútuos. O usuário e o dependente às vezes acham que quem nunca usou drogas não tem nada a dizer sobre isso, são "caretas". Por outro lado, quem nunca usou acha que quem usa é "maluco", má pessoa e não merece ser ouvido sobre qualquer assunto. As relações estão baseadas em idéias pré-concebidas de uns sobre os outros, mas não precisam ser necessariamente assim. O respeito à diferença de posicionamentos é fundamental para que se possa estabelecer um diálogo sobre qualquer assunto, principalmente sobre aqueles que ainda são um tabu em nossa sociedade.

O desafio de se falar, a partir de qualquer ângulo de análise, sobre drogas é não fazê-lo a partir de valores morais próprios implícitos. Os valores permeiam os discursos, mas devem ser explicitados para que o público saiba de onde se parte.

Quais são as idéias que permeiam a compreensão sobre o fenômeno drogas presentes neste texto?

Existem atualmente duas formas principais de se abordar os problemas relacionados ao uso de drogas: a guerra às drogas e a redução de danos. De forma geral, visam, respectivamente, a erradicação total das drogas e a possibilidade de conviver com elas, diminuindo os danos causados à saúde.

Chama-se de guerra às drogas o conjunto de idéias que tem origem no plano de governo dos Estados Unidos relativo ao tema, cujo lema é "tolerância zero ao uso de drogas". A política americana tem baseado suas ações na repressão ao uso, à produção e à venda de drogas. São gastos milhões de dólares anualmente em programas com esses objetivos, com poucos resultados. Essa política vem orientando também as iniciativas em outros países, principalmente na América Latina.

Muitas críticas têm sido feitas a ela, como o fato de que, ao declararmos guerra às drogas, estamos também declarando guerra às pessoas que as usam, o que as coloca à margem da sociedade. Outra crítica importante é que essa estratégia exclusivamente repressiva não tem alcançado seus objetivos e que, por isso, é necessário encontrar novas alternativas. Um mundo livre de drogas nunca existiu, portanto as idéias relacionadas à política de guerra às drogas apresentam uma proposta irreal. Além disso, não estão sendo considerados os pontos principais da questão, que são o fato de o tráfico ser o segundo negócio mais rentável no mundo e que o aumento mundial do uso de drogas não pode ser entendido apenas como um problema individual e sim como uma das conseqüências da política econômica globalizada.

Já a redução de danos (RD) se opõe à visão repressiva, tendo como objetivo desenvolver ações que visem minimizar as conseqüências danosas do uso de drogas, tanto do ponto de vista da saúde como dos aspectos sociais, do indivíduo e do seu grupo.

O princípio fundamental dessa abordagem é o respeito à liberdade de escolha. Isso porque muitos usuários não querem ou não conseguem deixar de usar drogas, mas ainda assim podem receber informações sobre o que fazer para minimizar os riscos advindos desse uso. Destacam-se outros princípios dessa abordagem, tais como: respeito às diferenças entre as pessoas, retomada de acesso à dignidade e à cidadania por parte dos dependentes de drogas, principalmente das ilícitas, que sofrem toda espécie de preconceitos.

A RD não tem a abstinência como meta principal no tratamento. Nessa abordagem, pode-se auxiliar o paciente a reduzir o consumo ou a usar a droga de forma que não acarrete outros problemas de saúde. Por exemplo, fornecendo aos usuários de drogas injetáveis a troca dos materiais que eles usam – como a seringa –, o que reduz a possibilidade de que contraiam doenças como AIDS e hepatite. Pode-se aceitar a proposta do paciente, no caso do uso de múltiplas drogas, de parar de usar aquela que, segundo ele, está lhe causando mais danos. Pode ser também que um tabagista prefira ou ache possível apenas diminuir a quantidade. Todas essas propostas podem ser aceitas quando se trabalha com redução de danos. O dependente passa a ter uma função mais ativa no seu tratamento.

As idéias defendidas neste texto se encaixam no modelo da redução de danos. Acreditamos que as pessoas são diferentes e que, portanto, não existe uma regra ou um único tipo de tratamento que funcione para todos os dependentes de drogas indiscriminadamente. É importante que o dependente se trate, tenha acesso a um serviço de saúde onde seja respeitado, ouvido e que, junto com os profissionais, descubra o melhor caminho a seguir em seu tratamento. Existem pacientes motivados e que desejam a abstinência completa e isso também deve ser considerado e respeitado.

A idéia de um mundo mais justo está relacionada à existência de regras claras, visando o bem comum e respeitando a individualidade de cada um. A sociedade como um todo é responsável em alguma medida pelos problemas atuais relacionados a esse tema. Este texto procura ir além da visão simplista de que o uso de drogas se deve ao caráter das pessoas e aos problemas familiares.

O homem sempre usou drogas. O que significa isso?

Significa que há registros muito antigos sobre o uso de drogas em várias sociedades e que, em momentos históricos e em culturas distintas, a compreensão que se tem sobre o uso e os valores a ele associados são diferentes. Essas diferenças se devem à influência da organização política, social e econômica no modo de pensar e agir das pessoas sem que elas se dêem conta disso.

Nos primórdios da sociedade humana o uso de drogas era apenas mais um dos elementos que compunham o cenário da vida. O uso dessas substâncias estava relacionado a rituais religiosos, a comemorações, à idéia de transcendência, a ritos de passagem e ao combate a males da saúde como dores e insônia. Os problemas relacionados ao uso eram uma exceção. O plantio e a produção das substâncias destinavam-se ao consumo próprio ou de um grupo reduzido.

Para se ter uma idéia sobre a antiguidade do uso de drogas, existem referências à utilização do álcool no ano 6000 antes de Cristo; o ópio é conhecido desde a Antiguidade; a coca foi descoberta pelos espanhóis em 1449 com sua chegada a países como Peru e Bolívia, onde os incas a consideravam uma planta sagrada; e a maconha foi utilizada com finalidades terapêuticas na China desde 1730 a.C. Os indígenas, em diferentes partes do mundo, utilizaram drogas, principalmente os alucinógenos, em seus rituais, sendo esta uma prática própria dessas culturas que não acarretou prejuízos a seus membros.

Os problemas mais evidentes na história em relação às drogas podem ser associados ao seu comércio e, portanto, ao incentivo ao uso.

A China e a Inglaterra, entre 1840 e 1860, viveram a chamada Guerra do Ópio, iniciada devido a desentendimentos relacionados ao comércio de ópio. A Inglaterra vendia para a China ópio produzido na Índia com seu incentivo. Diante do aumento do uso dessa substância entre a população chinesa, o governo tentou proibir a importação, mas a Inglaterra não queria perder esse negócio tão rentável. Diante do impasse, desenvolveu-se a guerra, que culminou com a vitória inglesa. O resultado foi que em 1900 metade da população masculina chinesa estava dependente dessa substância. A liberação do comércio do ópio permaneceu até o final do século XIX também na Europa e nos Estados Unidos.

Correndo no tempo e olhando para a história, descobrimos que no Brasil o uso de maconha foi um hábito provavelmente trazido pelos escravos africanos e difundido principalmente no Nordeste. O uso dessa substância pelos escravos era tolerado pela elite, pois garantia a docilidade destes nos momentos de ociosidade. Durante muitos anos o uso de maconha esteve associado às classes sociais mais baixas.

Nos anos 60, houve uma explosão do uso de drogas, principalmente as psicodélicas como LSD e maconha, associadas ao movimento de contracultura, ou seja, à contestação, pelos jovens, dos modelos sociais vigentes. Esse movimento foi mais evidente nos Estados Unidos, mas se espalhou por outros países e foi acompanhado por uma série de transformações políticas e sociais.

Num mesmo momento histórico, o uso de uma droga pode ser tolerado em determinada cultura e em outras não. Um exemplo, interessante e atual, é o álcool, bebida de livre acesso nos países ocidentais, porém proibida na cultura mulçumana.

Com este breve histórico, podemos perceber que o homem sempre usou drogas: inicialmente as drogas naturais e, com o desenvolvimento tecnológico, as drogas sintéticas, ou seja, as produzidas em laboratório, tais como morfina, cocaína e as anfetaminas (como ecstasy e ice). No entanto, nunca houve na história um período com tantos problemas relacionados às drogas como agora.

Se o homem sempre usou drogas, por que agora se faz tanto alarde?

As transformações sociais com o advento da industrialização e do capitalismo geraram profundas mudanças na vida cotidiana das pessoas e na forma como a sociedade se organiza política, social e economicamente. Nessa nova organização social que foi se estabelecendo, as palavras de ordem passaram a ser: pressa, progresso, competição e individualismo, entre outras.

Ao longo dos anos, o mercado de trabalho passou a exigir uma especialização cada vez maior. Houve, também, transformações rápidas nos valores que regem as relações sociais. Hoje, dentre os valores vigentes está o da posse de bens materiais como prova da competência do indivíduo. Com o estabelecimento dessa lógica, as pessoas passam a ser valorizadas por sua capacidade de ganhar dinheiro e adquirir bens e não por seus valores pessoais. Há um grande estímulo ao consumo, propagando-se a idéia de que, por meio dele, se conquistará a felicidade.

A concorrência no mercado de trabalho estabelece uma competitividade cada vez maior entre as pessoas e esse é um dos fatores que as distanciam da preocupação com a coletividade, promovendo um individualismo crescente. Na atualidade, o tempo é um grande inimigo, pois, com o aumento das exigências, as pessoas estão cada vez mais ocupadas, estressadas devido à correria da vida cotidiana e do trânsito carregado nos grandes centros urbanos. Assim como não há tempo para uma refeição e recorre-se aos chamados *fast foods*, há pressa para viver e as situações, pessoas e experiências passam a ser descartáveis.

Há uma grande pressão para que todos sejam bem-sucedidos e isso assume o mesmo significado para todos: ter um bom cargo, dinheiro, poder e uma relação afetiva sem problemas. A vida passa a ser entendida como um processo em que, ao se atingirem os objetivos citados acima, encerram-se os problemas.

É nesse cenário apresentado brevemente que se dá o encontro das pessoas com as drogas. A idéia aqui presente é que o sistema social moderno pressupõe e faz proliferar o uso dessas substâncias. Boa parte da população irá buscar nas drogas alívio para suas angústias e frustrações.

Alguém poderia perguntar então por que tantas pessoas vivem nesta sociedade e só algumas se tornam dependentes de alguma droga ou apresentam problemas com o uso. Parte da resposta foi dada no início deste capítulo, quando apresentamos a dependência como uma doença multideterminada. Seria ingênuo levar em conta apenas um fator envolvido na problemática, mas, ao seguirmos enfatizando os determinantes sociais, podemos concluir que as pessoas recorrem às drogas porque a organização social atual não está sendo capaz de atender às suas necessidades.

Como vimos, o uso de drogas é tão antigo como o homem, mas a proibição do uso de algumas delas data do início do século XX.

O que aconteceu para que hoje em dia algumas drogas sejam proibidas e outras não?

A onda proibicionista relativa às drogas é recente, datando do início do século XX. Até 1906, a cocaína estava presente em vários produtos comercializados livremente, sendo vista como um tônico estimulante. Só em 1914 aparece a primeira restrição americana a esses produtos. Foi o chamado Harrison Act, que obrigava distribuidores de cocaína a se inscrever junto a uma agência federal e pagar impostos especiais.

Entre 1910 e 1920, estruturam-se as bases políticas para o proibicionismo presente até hoje. O modelo americano de combate às drogas se tornou predominante no mundo. Em 1912, liderada pelos Estados Unidos, foi realizada a Conferência de Haia, o primeiro acordo internacional para limitar ao uso médico a cocaína, a morfina e o ópio.

Em 1961, vários países se reuniram para estabelecer o que seria ou não aceitável em relação a drogas, definindo ações para controle internacional, no que ficou conhecido como a Convenção Única. Dez anos depois, foi a vez da Convenção sobre Substâncias Psicotrópicas, que reafirmou a necessidade do controle do uso, produção e venda de uma série de substâncias, fazendo algumas alterações no que fora postulado pela reunião de 1961.

A partir da década de 70, várias conferências internacionais vêm sendo realizadas para ratificar acordos de cooperação entre as nações no combate à produção, à venda e ao consumo de determinadas substâncias psicotrópicas. O país que mais investe nessa luta armada contra as drogas (no sentido literal e metafórico), os Estados Unidos, é também o maior consumidor.

É preciso lembrar que os interesses políticos e econômicos relacionados às drogas são profundos e às vezes tem-se a impressão de que as ações são superficiais e que estão atingindo o alvo errado. A proibição de algumas drogas e a liberação de outras foi motivada e se mantém por vários interesses, e não apenas pela preocupação com a saúde da população.

No momento atual, no Brasil, talvez mais importante do que "endurecer" as leis é rever que tipo de sociedade queremos e qual a distância entre esta e a que estamos construindo.

Capítulo 2

O que preciso saber para fazer prevenção?

Daniela Pinotti Maluf e Marine Meyer

"A busca do bem-estar é natural e faz parte da vida de todos nós. O erro consiste em querer buscar esse bem-estar através das drogas"

Richard Bucher

1. O que é prevenção?

Prevenir é todo e qualquer ato que tem como objetivo chegar antes que determinado fato aconteça, ou seja, precaver. Assim, poderíamos pensar que a prevenção ao uso de drogas restringe-se à ação de evitar que a pessoa se aproxime ou faça qualquer tipo de uso dessas substâncias, mas a questão é um pouco mais complexa do que isso. O desafio da prevenção, na verdade, é conseguir conviver com drogas legais e ilegais, garantindo a vida e a saúde.

2. Existem níveis de prevenção?

Sim, existem três níveis de prevenção:

Prevenção Primária: tem como objetivo evitar que a pessoa experimente drogas ou adiar essa experimentação. Evitar o uso é uma questão que geralmente ninguém discute, mas retardar a experimentação costuma causar polêmica, portanto vamos explicar um pouco melhor. Quando retardamos o início do uso, ganhamos tempo para o amadurecimento dessa criança ou desse jovem. Assim, eles gradativamente vão se tornando mais responsáveis pelos seus atos, com melhores condições de avaliá-los, o que pode diminuir o risco de se tornarem dependentes. Por exemplo: é muito diferente um jovem que experimenta maconha pela primeira vez com 11 anos de idade do que aquele que experimenta com 17. O segundo deles tem mais maturidade para recusar e agir a partir das informações que recebeu.

Prevenção Secundária: tem como objetivo evitar que a experimentação e/ou o uso ocasional tornem-se freqüentes, ou atinjam níveis de dependência, além de evitar episódios de abuso de drogas.

Prevenção Terciária: são ações ligadas ao tratamento da dependência química, tais como: encaminhamento, prevenção de recaídas e reinserção social do dependente.

3. Temos que fazer prevenção por que todas as pessoas irão usar drogas alguma vez na vida?

***Droga** é, segundo o* Dicionário Aurélio, *qualquer substância ou ingrediente que se usa em tinturaria etc. 2. Medicamento. 3. Medicamento ou substância entorpecente, alucinógena, excitante etc. (como , p. ex., a maconha, a cocaína), ingeridos, em geral, com o fito de alterar transitoriamente a personalidade. 4. Fig. Coisa de pouco valor. 5. Coisa enfadonha, desagradável.*

***Droga psicotrópica** é toda e qualquer substância capaz de alterar as emoções, sensações e a consciência do indivíduo.*

***Drogas Lícitas:** têm seu uso e circulação permitidos por lei, para uma determinada faixa etária ou função (caso de medicamentos).*

***Drogas Ilícitas:** têm seu uso e circulação proibidos por lei, para todas as faixas etárias.*

A grande maioria das pessoas acaba usando algum tipo de droga durante a vida: medicamentos, álcool, cigarro ou drogas ilícitas. Mas, afinal, tudo isso é droga?

Todo medicamento é droga, até mesmo o que é vendido na farmácia e que necessita de receita médica. Os remédios requerem cuidados especiais e podem ajudar muito as pessoas doentes, mas para tanto é necessário respeitar a dose a ser ingerida, o número de vezes ao dia que devemos tomá-los, entre outras coisas. Por isso, é preciso evitar a automedicação.

Há outro aspecto interessante na definição do termo droga no dicionário, que é a falta de diferenciação entre as drogas lícitas e ilícitas. Portanto, quando falamos "droga", estamos nos referindo a ambas.

4. Então, como começa e como continua o uso de drogas na vida de uma pessoa?

Não existe uma regra para o início do uso, mas geralmente começa com o uso ilegal de drogas legais. Como assim? Crianças e jovens menores de 18 anos estão proibidos por lei de consumir, comprar e portar bebidas alcoólicas e tabaco, mas é justamente através dessas duas drogas que se inicia a experimentação. Posteriormente, essa pessoa pode vir a fazer um uso freqüente ou problemático dessas substâncias.

Nem todas as pessoas que fizeram uso de álcool e/ou tabaco experimentarão outras drogas, apesar de aumentarem as chances. No entanto, quem usa ou experimenta drogas ilícitas normalmente já fez uso ou experimentou as lícitas.

Grande parte dos indivíduos que fazem uso esporádico de drogas ilícitas durante a juventude não evolui para a dependência, embora ninguém tenha como saber isso previamente. Depois dessa fase, a tendência de consumo, costumeiramente, modifica-se e a pessoa volta a fazer uso apenas de drogas lícitas, exceto quem no meio do caminho se tornou dependente de drogas ilícitas.

5. Ao falar em drogas, estamos falando de quê?

Estamos falando, antes de tudo, de uma questão de saúde mental. Quando se tem uma droga de vida, fica muito mais fácil passar a ter a vida da droga. Os fatores que tornam nossa vida interessante não se restringem a uma boa condição material, mas também envolvem habilidades sociais, como: bons relacionamentos com a família, amigos, namorado(a), esposo(a) que não precisam ser bons o tempo todo; desenvolvimentos de atividades interessantes e prazerosas e a possibilidade de discussão de temas pertinentes ao cotidiano e à boa saúde.

> ***Saúde** é definida pela Organização Mundial de Saúde (OMS) como um estado de bem-estar físico, mental e social, que não implica somente ausência de doença, mas também qualidade de vida.*

Portanto, quando falamos de drogas, é muito importante saber qual é o nosso enfoque, pois se formos moralistas e preconceituosos, tratando apenas das conseqüências negativas do uso de drogas, conseguiremos afastar as pessoas da discussão. Em contraposição, podemos falar somente dos efeitos e do prazer que a droga pode proporcionar, o que acarreta um aumento do interesse em experimentar e consumir drogas, sem considerar as conseqüências que o uso pode trazer. Adotar exclusivamente tanto uma postura como a outra não facilita o diálogo sobre o tema. O melhor a fazer é sermos francos e buscarmos informações confiáveis e científicas, falando sempre do prazer, dos riscos e dos problemas que as drogas podem proporcionar. Só assim poderemos enxergar os dois lados da moeda.

6. Ter informações sobre as drogas já é suficiente para prevenir o uso?

Em pesquisas como a encomendada pela Associação Parceria Contra Drogas para o Ibope, em janeiro de 1999, ficou demonstrado que as principais razões para o jovem de 10 a 18 anos de idade usar drogas são fugir de problemas com a família ou com os pais; querer ser aceito num grupo de amigos; experimentar sensações novas e gostosas; e se sentir mais solto, menos tímido.

Essa análise permite a interpretação de que os principais motivos que levam um jovem a usar drogas são os processos pertencentes à própria adolescência.

Na análise comparativa dos resultados – essa pesquisa já havia sido aplicada em 1996 e 97 – observa-se que os jovens passam a perceber que é cada vez mais fácil a obtenção de todos os tipos de drogas. Ao mesmo tempo, a percepção dos prejuízos que causam também continua aumentando: 92% consideram que essas substâncias pioram o desempenho escolar e a mesma porcentagem considera que elas levam as pessoas a fazer coisas perigosas que normalmente não fariam. A informação que os jovens têm a respeito do uso de drogas é bastante realista. A facilidade de obtenção é um fato concreto e os malefícios causados também. Então, o que falta para prevenir o uso? Sabemos que a diminuição da oferta facilitaria, mas isso não é suficiente. Deve-se dar informações e compreender por que as drogas fazem parte da vida das pessoas.

7. Por que a droga faz parte da vida das pessoas?

Em geral a droga começa a fazer parte da vida da pessoa precocemente. Alguns pais até molham a chupeta dos filhos na bebida alcoólica para que eles não fiquem com vontade, ou para acalmá-los.

A droga pode ser utilizada das mais diversas formas, entre elas ingerida, fumada ou injetada. Pode ser produzida tanto a partir de substâncias naturais (maconha, tabaco) como de produtos sintéticos (LSD, ecstasy). Faz parte de várias circunstâncias, em diversos rituais religiosos, como o vinho na missa da Igreja Católica ou chá do Santo Daime. Está presente na maioria das comemorações (diz-se que, se o brinde não for feito com bebida alcoólica, não vale). Relaciona-se com momentos de alívio da tensão e relaxamento, como na tradicional cena do casal que fuma após a relação sexual. É utilizada para "afogar as mágoas", sair da tristeza, ampliar a consciência... O que não faltam são situações nas quais o uso de drogas está presente.

Nesse sentido, o trabalho com prevenção ao uso indevido de drogas é fundamental, criando condições que permitam o desenvolvimento da auto-estima, valorizando um sujeito crítico, ativo e construtor de sua vida e suas relações. Assim, ele poderá sentir-se útil e importante, percebendo que tem motivos valiosos para viver.

8. Todas as pessoas usam drogas na mesma quantidade e freqüência?

Não. Existem várias formas de consumo de drogas e isso deve ser considerado na prevenção. O primeiro passo é conversar com o adolescente procurando saber quando, em que ocasiões, com que freqüência, em que situações ele está usando drogas. Usa todos os dias? Apenas nos finais de semana? Nas festas com os amigos? Estas perguntas poderão orientar as medidas a serem tomadas de acordo com a gravidade do problema. Dessa maneira, poderemos delimitar os diferentes níveis de uso, que podem ser:

A. Experimentação – uso ocasional, para satisfazer a curiosidade ou integrar-se a um grupo.

B. Uso – consumo moderado que não expõe o indivíduo ou o grupo a situações de risco para a sua saúde física ou psicológica e do qual não advém problema social.

C. Abuso – situação em que o consumo causa danos à saúde física, psíquica ou social do indivíduo ou o expõe a riscos.

D. Dependência – uso compulsivo, priorização do seu consumo em detrimento dos danos que causa e de outros interesses pessoais, sociais ou profissionais.

9. Quando devemos nos preocupar?

O velho ditado "É melhor prevenir do que remediar" precisa ser valorizado. Muitas vezes esperamos que o problema nos salte aos olhos para fazer alguma coisa.

Por exemplo: um aluno tem chegado constantemente atrasado na escola, seu desempenho escolar vem piorando significativamente, ele foi visto por mais de duas vezes saindo com os olhos vermelhos do banheiro, mas por enquanto a escola ainda não tem provas suficientes e fica esperando o dia de "pegar" o aluno com a mão na massa. Esse aluno pode ter perdido uma namorada que ele adorava. Nesse caso, muitos podem dizer: "Está vendo, o melhor mesmo foi esperar". Outros podem afirmar: "Tanta preocupação por nada, ele nem estava usando drogas". Mas, se estamos preocupados com a saúde desse aluno, não interessa se ele perdeu a namorada ou está usando drogas: cabe à escola oferecer suporte ou os encaminhamentos necessários para que ele atravesse esse momento difícil e de grande vulnerabilidade ao uso de drogas.

Por isso, devemos nos preocupar primeiramente com a qualidade de vida dos jovens, e dentro disso com o uso de drogas. Qualquer indício de uso pode ser um excelente momento para iniciar um diálogo. É importante saber que nunca perdemos tempo quando estamos cuidando de quem se quer bem.

10. Qual é a nossa responsabilidade?

Estamos fartos de ouvir histórias de pessoas envolvidas em acidentes de carro após terem ingerido álcool, ou casos de pessoas que foram atingidas por balas perdidas durante conflitos entre traficantes e policiais ou entre os próprios traficantes, e assaltos efetuados por usuários de drogas. Além do medo constante em relação aos riscos que as futuras gerações têm de se envolver com o uso e o tráfico.

Nesses casos, não existe distinção entre as drogas legais e as ilegais, pois ambas podem trazer uma série de problemas. Em alguns casos, a própria freqüência do uso também não importa, pois o primeiro uso de álcool associado à direção já pode causar um acidente.

Se analisarmos esses fatos, veremos que o problema do tráfico e do uso de drogas lícitas e ilícitas afeta toda a população, direta ou indiretamente. Assim, todos nós temos responsabilidade e podemos fazer prevenção.

12. Tudo o que ouvimos falar sobre drogas é verdade?

Uma fantasia muito comum dos pais é de que quem oferecerá drogas para seus filhos será o traficante na porta da escola ou das festas. Geralmente, o primeiro contato com as drogas ilícitas acontece com os amigos em casa.

Vocês podem então estar pensando que basta evitar as "más companhias" para que um jovem não tenha contato com drogas. O que são "más companhias"? Quem é usuário de drogas é ruim e não é uma pessoa digna? Esse é um preconceito em que está implícito outro: basta retirar a maçã podre do cesto para que as outras não apodreçam. Devido às características da adolescência, os jovens andam em grupos e acreditam que, para serem aceitos, precisam ser iguais uns aos outros. Ninguém se torna dependente de drogas por causa de outra pessoa. Os jovens relatam que experimentam drogas devido à influência dos amigos, mas também em busca de prazer e por curiosidade, por exemplo.

Outro mito muito comum é que a maconha é a porta de entrada para o uso de drogas. Geralmente, as primeiras drogas com as quais os jovens têm contato são o álcool e o tabaco. Posteriormente, mas isso não é uma via obrigatória, eles poderão experimentar ou envolver-se com drogas ilícitas.

Um dos argumentos freqüentes para usar drogas é que estas ampliam a consciência e aumentam a criatividade. Será que não há mais satisfação e realização em criar a partir de nosso potencial e de nossa capacidade? Os usuários relatam que não se lembram da conversa e das idéias que tiveram enquanto estavam sob o efeito da droga. Esse pode ser um ponto importante para quem quer fazer prevenção. Os pais e a escola podem incentivar e criar situações propícias para o desenvolvimento da criatividade e potencialidade dos jovens, tais como um festival de música ou uma exposição de arte.

Muitos acham que usar drogas dá uma sensação de liberdade. Para o adolescente, liberdade significa fazer o que quiser. Com as drogas isso pode ser bem diferente. No início, ele pode escolher usá-las ou não, mas a dependência não representa uma escolha, pois não se faz mais o que quer. A sensação de liberdade associada à droga é muito fugaz. Que liberdade é essa que aprisiona e às vezes mata?

Outro preconceito é achar que quem usa drogas é artista ou se veste mal ou tem uma aparência desleixada ou é meio *hippie*. Se pensarmos que a aparência de alguém ou as pessoas com quem anda indicam se ela usa ou não drogas, o bom aluno ou o moço de boa família não podem ter nenhum tipo de envolvimento com drogas. Não podemos identificar um usuário de drogas pelas aparências ou por pré-julgamentos, mas sim pela observação das atitudes e mudanças de comportamento.

13. Que prazer é esse que a droga dá?

O uso de drogas é comumente relacionado com prazer e diversão. Se isso não fosse verdade, ninguém as consumiria. Contudo, podemos questionar esse prazer. As drogas provocam artificialmente uma série de sensações e sentimentos como calma, euforia, alegria, anestesia, apaziguamento... Tendo em vista uma sociedade que condiciona a felicidade ao sucesso no trabalho, ao enriquecimento e acúmulo dos bens materiais, na qual questões emocionais e momentos para o lazer costumam ser deixados em segundo plano, é constante o desprazer e o mal-estar. As pessoas passam a buscar nas drogas um "remédio" instantâneo para enganar e anestesiar esses sentimentos ruins. Nesse sentido, podemos dizer que esse prazer e bem-estar se dá de modo artificial e fugaz, pois, após o efeito da droga, o desprazer voltará e pode até mesmo se intensificar. Ela é, portanto, apenas uma muleta que nos ajuda a andar, quando na realidade poderíamos usar nossas próprias pernas. Isto é o que deve ser sempre buscado para viver saudável e intensamente.

14. Ricos e pobres usam diferentes drogas?

O uso de drogas não está relacionado somente com classe social e econômica: tanto ricos quanto pobres podem ter problemas com uso de drogas. Esse é um fenômeno multideterminado.

É freqüente as pessoas acharem que quem inala cola de sapateiro é exclusivamente menino de rua, com o objetivo de esquecer a fome. No entanto, sabe-se que muitos adolescentes de classe média alta também fazem uso dessa substância. Também se pode pensar que pessoas com baixo poder aquisitivo não consomem cocaína por ser muito cara. Mas há várias formas de obtê-la: traficando, roubando ou prostituindo-se. O álcool, por sua vez, é extremamente acessível e é consumido por todos os níveis sociais e econômicos.

15. Por que os adolescentes usam drogas?

Adolescentes estão em um momento de transição no qual deixam de ser crianças para tornarem-se jovens adultos. Eles precisam descobrir valores próprios para formar sua identidade adulta. Essa passagem gera muita insegurança e ansiedade, pois o adolescente não é mais o que sempre foi, e precisa ser alguém que ele não sabe quem é.

Em busca dessa nova identidade, ele passa a ter uma série de atitudes que deixam seus pais desorientados. Vejamos algumas características comuns a essa passagem da vida e como contribuem para o uso de drogas.

Os adolescentes passam a buscar apoio e referências em um grupo de iguais. Eles passam a andar em "turmas" e ter uma atitude reivindicatória em relação aos pais. Esse é um movimento natural e desejado, pois eles precisam se desprender da dependência dos pais para se tornarem adultos. A droga pode, assim, ser um ritual de passagem, pois seu uso, na concepção dos adolescentes, tem uma característica de rebeldia. Certamente há outras formas de se opor aos pais e o uso de drogas pode ser perigoso. Mas a grande maioria dos jovens irá apenas experimentar, usar algumas vezes e depois abandonar o uso. Isso não quer dizer que temos de ser coniventes e deixar passar. Ao descobrir o uso, uma boa conversa e o monitoramento posterior do comportamento do jovem são extremamente aconselhados.

O jovem acredita estar imune a qualquer desgraça ou problema, pois tem uma concepção de perigo ou de morte distorcida. Para ele, quem morre é "velho". O adolescente acredita ter toda a vida pela frente e acha que precisa experimentar de tudo para vivê-la com emoção e intensidade. Assim, quando falamos que fumar pode ter conseqüências sérias para a sua saúde, ele não se dá conta dos riscos que está assumindo. O que passa em sua cabeça é: "antes disso eu paro!" ou "quando tiver 30 anos (e isso ainda vai demorar muito!) eu penso nisso!". Para ele, a noção de tempo e morte é distante e abstrata. De qualquer modo, devemos sempre informá-lo a respeito dos prejuízos do uso de drogas.

Por fim, os adolescentes em busca de sua nova identidade têm uma personalidade muito permeável. Um dia ele se veste de punk, no outro dia ele é roqueiro e na semana seguinte sua principal preocupação é salvar a Mata Atlântica. Além disso, eles têm um humor extremamente flutuante. No mesmo dia eles podem explodir de alegria e ficar cabisbaixos por qualquer motivo. O lugar da droga na vida do adolescente pode ser similar e, portanto, passageiro e momentâneo. Novamente, a atitude dos adultos não pode ser negligente e apenas considerar isso como uma fase. Esse é um excelente momento para informá-los, falar a respeito das drogas e observar suas atitudes. O jovem que experimenta drogas não está necessariamente fadado à dependência.

16. Qual a relação da escola com a família na prevenção ao uso de drogas?

A prevenção ao uso de drogas é mais eficaz quando os pais também participam do programa. A família tem papel primordial na educação formal e emocional de seus filhos. Nesse sentido, a parceria da escola e das famílias é fundamental na prevenção em vários aspectos.

Geralmente, os pais não sabem quando, como e o que falar para seus filhos. A escola pode auxiliá-los, fornecendo informações sobre as drogas, orientando-os sobre o papel deles na prevenção e dando dicas práticas de atitudes a serem tomadas. Isso pode ser feito através de grupos de discussão, palestras e em conversas francas com professores e orientadores educacionais.

Quando a escola descobre que um aluno experimentou ou vem usando drogas, é aconselhável que os pais sejam informados para dividir a responsabilidade sobre o que é melhor para o jovem. Nesses casos, vale o apoio mútuo e a coerência de atitudes, evitando a troca de acusações entre a família e a escola, que não levam a lugar algum. Mas é preciso estar atento ao perfil da família e como seus membros se relacionam. Esses pais podem ser violentos, usuários de drogas, alarmistas, desinformados... A comunicação do fato tem de ser cautelosa e analisada caso a caso, para não aumentar ou pormenorizar o problema. O adolescente não deve ser excluído da discussão. Inclusive, é melhor que a escola o incentive a conversar com seus pais antes que ela o faça. Se ele não conseguir, a escola precisa ajudá-lo.

Além disso, incentivar os pais a acompanhar o desenvolvimento escolar de seus filhos também é uma atitude preventiva. Os próprios alunos se queixam que, a partir da 5ª série do ensino fundamental, sem nenhum motivo aparente, os pais diminuem a atenção e participação na vida escolar deles. Justamente quando os jovens estão mais suscetíveis ao uso de drogas os pais se afastam. Porque fizeram 11 anos ou iniciaram a adolescência, os pais consideram que seus filhos já cresceram e deixam de acompanhar seus méritos e conquistas. Ter reconhecimento e ser valorizado são ingredientes essenciais durante toda a vida para aumentar a auto-estima e a autoconfiança, que, como sabemos, são fatores de proteção para o uso de drogas.

17. Que mensagens passamos para os jovens?

Tanto a família quanto a escola precisam refletir sobre as mensagens que passam constantemente para os jovens: "Aproveite sua vida agora, pois quando crescer você verá como a vida é dura e chata." Ou ainda, "não adianta você estudar ou querer fazer uma faculdade. Você não tem a menor chance; quem nasce pobre, morre pobre!". Frente a essa falta de perspectiva de vida e de construção de um futuro melhor, usar ou não usar drogas, viver ou morrer, não têm muita importância. Inclusive, a droga passa a ser muito sedutora, uma vez que proporciona sensação de prazer e livra, momentânea e supostamente, das dificuldades da vida real.

18. Há diferenças na prevenção de drogas em escolas públicas e particulares?

A realidade das escolas particulares e das escolas públicas é bem diferente no Brasil. Fazer prevenção ao uso de drogas em escolas particulares parece bem mais fácil e seguro. Afinal, esperamos encontrar professores capacitados, maiores recursos materiais e financeiros.

Realmente, o sistema de ensino público ainda está longe do ideal. Além da baixa qualidade e más condições de ensino, essas escolas vem se tornando redutos de violência e alvo de traficantes. Como fazer prevenção num ambiente tão perigoso e com tão poucos recursos?

Antes de tudo, é preciso ter claro que não é responsabilidade da escola acabar com a miséria, a violência, a corrupção e as desigualdades sociais. Esses são fenômenos pertinentes à organização política do país. Se quem precisa fazer algo são os políticos, o que a escola pode fazer para prevenir o uso de drogas?

O primeiro passo é adaptar as atividades de prevenção em escolas à realidade social e econômica na qual estão inseridas. Somente assim elas poderão ter objetivos e ações reais e possíveis. Talvez um dos principais papéis das escolas seja incentivar a reflexão sobre a sociedade e realidade em que seus alunos vivem, incentivando-os a buscar soluções para os problemas e conflitos levantados. Desse modo, a escola também estará prevenindo o uso de drogas ao estimular a prática da responsabilidade social e da cidadania e o desenvolvimento de sujeitos ativos, construtores de sua realidade e de sua vida.

Uma dica para escolas onde o tráfico de drogas é intenso e onde pode ser perigoso o trabalho de prevenção: não insistir no tema drogas, trabalhando a questão indiretamente. Podem-se desenvolver atividades lúdicas e prazerosas relacionadas a esportes e artes, por exemplo, para que os jovens sintam-se respeitados e valorizados.

O consumo de drogas em escolas particulares não é necessariamente inferior ao das escolas públicas. Em alguns casos, pode até ser superior. Problemas com drogas e violência podem ser mais evidentes em classes sociais menos favorecidas, mas não são exclusividade.

Nas escolas particulares, as dificuldades para abordar esse tema são de outra natureza. Muitas preferem esconder ou fingir que o problema não as afeta por medo de perder a clientela. Por engano, essas escolas preferem não promover a discussão sobre o assunto, pois falar dele é reconhecer que o problema existe dentro dela e que, portanto, ela não é uma boa instituição de ensino. Essa atitude está muito longe de ser preventiva. Pelo contrário, é apenas varrer o problema para debaixo do tapete e fugir de suas responsabilidades.

Tanto as escolas particulares quanto as públicas precisam ter como meta tornarem-se lugares interessantes, prazerosos e importantes para a vida de seus alunos, ajudando-os e incentivando-os a desenvolver um projeto de vida.

19. O perigo da mídia: como ela influencia o uso de drogas?

A propaganda hoje significa um importante veículo de marketing e de conquista de consumidores. Diferentemente da indústria do tabaco, cuja propaganda foi proibida, as indústrias farmacêutica e de bebidas alcoólicas utilizam-se amplamente desse recurso. O perigo das campanhas publicitárias de bebidas reside no incentivo ao consumo pelo público jovem e, mais recentemente, na sedução do público infantil. Assim, mascotes de determinadas marcas têm um comportamento infantil ou lúdico que agrada às crianças e com o qual elas se identificam. Além de ser comum sabermos de cor os *slogans* dessas propagandas.

Nos comerciais de bebida alcoólica é claramente vendida a imagem de que o mundo é muito mais divertido, bonito e colorido quando as usamos. Isso vem ao encontro dos principais motivos para o uso de drogas: o prazer e a diversão.

Não podemos esquecer a associação direta que é feita entre o uso de álcool e o sexo. Nesses casos, a mensagem é de que a bebida alcoólica traz capacidade para conquistar e envolver-se com a pessoa desejada, ou seja, o álcool é aquilo que falta para seduzir o outro.

O público visado nas propagandas de medicamento geralmente são as famílias. O alívio da dor e do mal-estar se dá através de uma pílula mágica que instantaneamente traz tranqüilidade, harmonia e bem-estar para a família. Que mensagem nos é passada constantemente? A de que saúde e bem-estar correspondem a ausência de doenças, conflitos e instabilidade. Como vimos, saúde é uma questão muito mais ampla e corresponde à capacidade de administrar e conviver com crises, mal-estar e frustrações. Outro ponto grave é que esses comerciais incentivam inapropriadamente a automedicação, dizendo "se persistirem os sintomas, procure um médico". Na nossa opinião, a mensagem deveria ser: "Procure um médico, que ele lhe indicará o medicamento apropriado".

Infelizmente a mídia raramente é usada para prevenir e informar as pessoas. Imaginem se fossem produzidas propagandas preventivas com a mesma quantidade e qualidade das de cerveja e medicamentos!

A partir disso, vale a discussão com os jovens e com os pais sobre essas propagandas, para despertar o senso crítico, mostrando a imagem que essas indústrias constroem e têm deles. É revoltante perceber que somos manipulados e vistos como incapazes e tristes sem as drogas.

20. Prevenir ou reprimir?

A prevenção e a repressão ao uso de drogas são muitas vezes confundidas, quando na realidade são conceitos diferentes, porém complementares. A repressão tem como principal objetivo reduzir a *oferta* de drogas, envolvendo, por exemplo, atividades como prender traficantes, apreender substâncias ilegais ou destruir campos de produção. Já a prevenção tem como meta reduzir a *demanda* para o uso de drogas e suas intervenções baseiam-se na conscientização e na mudança de comportamento das pessoas com relação ao uso.

Como a repressão e a prevenção podem conviver nas escolas? Ao mesmo tempo em que são promovidas atividades preventivas, o uso de qualquer tipo de droga na escola é proibido. Isso inclui bebidas alcoólicas, cigarro e medicação sem receita médica (é comum as escolas terem uma "farmácia" para as dores de barriga e febre). Até mesmo nas festas essa proibição deve permanecer válida, e é aconselhável aproveitar o clima festivo para demonstrar que é possível se divertir mesmo sem beber.

21. O que são fatores de proteção e fatores de risco?

Fatores de risco e de proteção são condições às quais as pessoas estão expostas que podem aumentar ou diminuir a probabilidade do uso de drogas. Essa associação não implica uma relação de causa e efeito, mas um aumento das chances de se consumir ou não substâncias psicoativas.

Esses fatores precisam ser considerados na prevenção ao uso de drogas, pois são referenciais que auxiliam na definição dos objetivos gerais a serem alcançados pelo programa de prevenção. A partir desses dados, podemos dirigir as ações preventivas a serem desenvolvidas para evitar e identificar com maior facilidade quem está mais suscetível a experimentar ou ter problemas com o uso de drogas.

Principais fatores de risco para o início do uso de drogas

A. Ambiente familiar desestruturado: onde a violência e o desrespeito são comuns e freqüentes, por exemplo.

B. Acompanhamento parental ineficiente: os pais têm pouco interesse nas atividades desenvolvidas pelos seus filhos, não conhecem os amigos nem o desempenho escolar deles.

C. Falta de vínculos afetivos: dificuldade para o diálogo e expressão dos afetos e da emoção.

D. Comportamento inapropriado e agressivo em sala de aula: esses são indicativos de dificuldade de adaptação, de relacionamento saudável com os colegas e de tolerar a frustração.

E. Desempenho escolar ruim: tal fato pode ser resultado de uma baixa auto-estima, gerando mal-estar e angústia.

F. Dificuldade para resistir à oferta de drogas: devido a uma personalidade insegura e mais suscetível à pressão do grupo.

G. Uso de drogas tolerado pelo ambiente que o circunda (escola, clube e pais): falta de regras claras sobre o uso de drogas.

H. Qualidade de vida deficiente: quando tudo nos é oferecido, nos falta o sentimento de conquista e de realização. Por outro lado, quando tudo nos falta (casa, família, educação, saúde...), qual a perspectiva de vida que podemos ter?

I. Disponibilidade de drogas: ter facilidade de acesso às drogas também aumenta as possibilidades de uso. Não é uma mera coincidência o fato de o álcool ser a droga mais consumida no mundo.

Os fatores de risco apontados acima aumentam as chances para o uso de drogas, mas não são a certeza do uso e nem do dano.

22. O que é vulnerabilidade ao uso de drogas?

O conceito de vulnerabilidade ao uso de drogas surgiu a partir da epidemia de AIDS. No início, acreditava-se que só estavam expostas à contaminação as pessoas que pertenciam a um determinado grupo (homossexuais, prostitutas e usuários de drogas injetáveis). Hoje sabemos que isso foi um erro, fruto de muito preconceito. Se desde o principio tivessem sido consideradas as diferentes chances que qualquer pessoa ou grupo têm de se contaminar, teriam sido avaliados os riscos que todos nós corríamos de contrair a doença.

O que isso tem a ver com drogas? Não devemos repetir o erro da prevenção à AIDS na prevenção ao uso de drogas. A noção de vulnerabilidade, mesmo sendo um conceito novo, pode ser aproveitada para o uso de drogas. Ela apenas demonstra que o trabalho com drogas precisa ser ampliado para além dos fatores de risco e de proteção, mas não pressupõe que esses conceitos sejam abandonados. Estamos querendo dizer que, para fazer prevenção, devemos considerar as particularidades sociais, culturais e psicológicas que influenciam o comportamento e atitudes das crianças, dos jovens, adultos e dos idosos para o uso de drogas. Afinal, toda e qualquer pessoa é vulnerável ao uso de drogas e à dependência.

***Vulnerabilidade ao uso de drogas** é um agrupamento teórico e prático dos níveis sociais, políticos, econômicos, culturais, comportamentais e afetivos que auxiliam a analisar objetivamente as chances que um indivíduo, um grupo e uma nação têm de se expor ao uso e à dependência de drogas.*

A noção de vulnerabilidade e as ações preventivas decorrentes envolvem três planos principais:

A. Vulnerabilidade individual: relacionada a comportamentos que criam oportunidade para o uso de drogas.

B. Vulnerabilidade social: está associada a questões coletivas e sociais da população para o uso de drogas. Exemplo: acesso a informação e a serviços de saúde; condições de bem-estar social (poder aquisitivo, moradia, escolarização). Ao não ter acesso ao médico, é mais fácil solicitar ao balconista da farmácia um remédio que, inclusive, pode ter seu uso controlado (automedicação).

C. Vulnerabilidade política: atitudes políticas e propostas do governo em relação à problemática das drogas. Exemplo: a proibição de propagandas de cigarro pelo Ministério da Saúde.

A vulnerabilidade ao uso de droga é um conceito que acompanhou a elaboração deste capítulo. Procuramos vislumbrar as desigualdades sociais e econômicas, a disparidade de qualidade de vida e o abismo entre escolas particulares e públicas no Brasil. Os programas de prevenção ao uso de drogas precisam considerar essas diferenças e encontrar parâmetros de atuação válidos para cada uma dessas realidades. A prevenção ao uso de drogas é para todos!

Para exemplificar o conceito de vulnerabilidade, podemos

descrever alguns aspectos associados à elevada vulnerabilidade, dos adolescentes ao uso de drogas:

– Um sistema educacional pobre e desestimulante para a realização pessoal.

– Uma sociedade despreocupada com questões ligadas à cidadania, responsabilidade social e solidariedade.

– A falta de perspectiva de vida e de um futuro construtivo.

– O despreparo dos profissionais de saúde e de educação para trabalhar com essa população.

– A carência e baixa qualidade de serviços de saúde.

– O direcionamento das ações do tráfico e da mídia para o público jovem.

– A marginalização e exclusão social.

– Um sistema judiciário ineficiente e obsoleto.

– Falta de referências, pouca afetividade, favorecimento da baixa auto-estima por parte da família.

– Exposição à violência.

– Necessidade de explorar e experimentar riscos.

Capítulo 3

Prevenção na prática: como fazer um programa de prevenção ao uso de drogas em escolas

Daniela Pinotti Maluf e Marine Meyer

Antes de ler este capítulo, recomendamos a leitura prévia do Capítulo 2, que foi escrito para embasar sua leitura e compreensão.

Este texto procura descrever como elaborar e implantar um programa de prevenção em escolas. Procuramos abordar as principais etapas para a realização desse trabalho, bem como rechear o texto de exemplos para torná-lo mais útil à prática da prevenção. Alguns termos técnicos foram utilizados para que o leitor se familiarize com eles, além de compreendermos que a estrutura e o rigor são fundamentais para o sucesso do programa. Portanto, fôlego e mãos à obra!

1. Quais os principais objetivos de um programa de prevenção ao uso indevido de drogas em escolas?

Os objetivos gerais do programa devem ser reduzir os fatores de risco e ampliar os fatores de proteção. Portanto, o planejamento das ações preventivas a serem desenvolvidas deve ter como meta diminuir a probabilidade de o jovem envolver-se de maneira indevida com as drogas. Por exemplo: discutir com o jovem que dirigir alcoolizado põe sua vida e a dos demais em perigo. Ao usar a frase "se beber, não dirija", reconhece-se o uso de álcool, mas busca-se proteger o jovem de danos maiores do que o consumo da substância. Isso corresponde à redução de danos (RD).

O programa de prevenção não pode ter como meta principal pôr fim a toda e qualquer ocorrência com drogas na escola ou propor que os usuários simplesmente deixem de existir. É preciso tomar cuidado para não cair na armadilha de tentar banir as drogas das escolas e da sociedade. Essa é uma empreitada que está além das nossas possibilidades. Vale lembrar que a escola é responsável pela prevenção primária e secundária. Quando um aluno já tiver um quadro de dependência, cabe a ela, em parceria com a família, encaminhar e acompanhar o tratamento, que deve ser feito por profissionais de saúde.

Outro ponto importante é que as atividades desenvolvidas abordem os diferentes níveis de uso de drogas, bem como as drogas mais consumidas pela comunidade escolar.

2. Como se pode atingir esses objetivos?

O programa deve ser entendido como um programa educativo que enriquece o projeto pedagógico da escola. Ele é mais adequado quando discute o uso de drogas dentro de um contexto de saúde, com ações voltadas para que o jovem incorpore hábitos saudáveis ao seu cotidiano. Por exemplo: logo antes do Carnaval, o projeto de prevenção pode fazer uma atividade sobre o uso de álcool, que nesse período costuma ser abusivo. O intervalo pode virar um Carnaval ao som de músicas como "Água Mineral", de Carlinhos Brown. Essa atividade é uma brincadeira, na qual não se nega que os alunos podem vir a consumir álcool, mas se passa uma mensagem sutil e divertida de que água também é uma boa opção para matar a sede e aproveitar o Carnaval.

O programa também deve propiciar que os alunos aprendam a gerenciar suas dificuldades, conflitos e emoções, sendo esta uma forma de desenvolver habilidades sociais e pessoais. Trata-se de discutir o projeto de vida global dos alunos e da sociedade, ao invés de dar ênfase apenas às conseqüências do uso de drogas.

3. Quais são as estratégias para atingir os objetivos propostos?

Para elaborar um programa preventivo é preciso considerar os modelos que já foram estudados. Os modelos de prevenção são estratégias para abordar o tema com enfoques diferentes. As estratégias utilizadas e escolhidas pela escola para realizar o trabalho devem estar de acordo com os seus princípios.

Vejam os principais modelos de prevenção ao uso de drogas:

Fornecimento de Informações: corresponde às informações sobre as conseqüências adversas do uso de drogas.

Amedrontamento: crença de que ao enfatizar os aspectos negativos do consumo de drogas os jovens não farão uso delas.

Controle Social: baseia-se na adoção de regras firmes, rígidas e bem definidas de controle sobre o comportamento dos jovens.

Oferecimento de Alternativas: pretende oferecer alternativas saudáveis ao uso de drogas, como proporcionar possibilidades de lazer e prazer aos jovens.

Educação Afetiva: visa o desenvolvimento interpessoal (auto-estima e autoconfiança) como um fator de proteção para o uso indevido de drogas. Estimula e valoriza a capacidade do aluno de tomar decisões saudáveis e construtivas em sua vida.

Habilidades de Resistência: busca desenvolver habilidades para resistir a influências para experimentação e uso de drogas.

Treinamento de Habilidades Pessoais e Sociais: objetiva desenvolver habilidades de comunicação, sociabilidade e assertividade.

Quando se começou a falar sobre prevenção ao uso de drogas, as estratégias utilizadas eram basicamente o amedrontamento e o fornecimento de informações, além de medidas repressivas. Essas formas de lidar com o tema mostraram-se ineficazes, pois se apenas informação fosse suficiente, nenhum médico fumaria. Se bastasse ter medo para não sentir curiosidade, por que os jovens gostam tanto de assistir filmes de terror? Parece, então, que a melhor forma de prevenir é combinar diversas estratégias, que informam mas também provocam mudanças de comportamento do jovem.

4. Qual a duração ideal de um programa de prevenção?

Não existe uma duração pré-determinada. Tendo em vista a complexidade do tema, é necessário um trabalho contínuo para alcançar um resultado efetivo. Preferencialmente, o programa de prevenção deve ser inserido no currículo de todas as séries da escola e durante toda a vida escolar, para garantir a freqüência das ações.

5. Em que idade devem-se iniciar as atividades de prevenção ao uso indevido de drogas?

Quanto antes melhor, pois a inserção precoce do tema é mais eficaz, já que a prevenção é um valor a ser transmitido durante toda a vida. Para fazer prevenção com crianças pequenas não devemos falar diretamente de drogas, uma vez que elas não têm nenhuma familiaridade com o assunto. Nesses casos, aconselhamos trabalhar com temas referentes ao cuidado com o corpo, hábitos de higiene e alimentação, e que fortaleçam a auto-estima.

É sobretudo na adolescência que essa questão pode ganhar ênfase, pois esse é o período de maior risco do início do uso, por volta dos 12 anos de idade.

As ações preventivas devem ser adequadas às diferentes faixas etárias. A atividade proposta para um aluno de 10 anos não pode ser a mesma para um aluno de 17 anos, pois eles têm experiências e interesses distintos.

6. Por e com quem o programa de prevenção deve ser desenvolvido?

A escola precisa discutir e definir com toda a comunidade escolar quais são as prioridades a serem abordadas na instituição. Os professores da escola podem considerar que o problema das drogas é que precisa ser trabalhado, enquanto os pais acreditam que a sexualidade é o tema mais relevante. Com isso, estamos querendo dizer que pouco adianta implementar o programa de prevenção sem apoio e envolvimento dos pais, professores, funcionários, direção e alunos da escola. Antes de tudo, todos terão que discutir uma série de questões tais como:

- Qual é a responsabilidade da escola frente à educação de seus alunos?
- De que forma ela pretende contribuir para o desenvolvimento da cidadania e da responsabilidade social?
- Como ela pode promover bem-estar e o desenvolvimento formal e emocional de seus alunos?

Assim, é preciso que a maioria da comunidade reconheça que precisa e quer desenvolver atividades com esse objetivo.

7. Para desenvolver um programa de prevenção precisamos contatar uma equipe técnica?

O apoio de uma equipe técnica com experiência e domínio do assunto possibilita que a estruturação e a implantação do programa sejam mais rápidas, além de garantir um embasamento teórico sólido. O papel da equipe técnica é o de discutir com a escola as experiências que já foram desenvolvidas em prevenção e as estratégias a serem empregadas, buscando promover a independência e autonomia da escola para o trabalho.

8. Quais as principais etapas de um programa de prevenção?

A. Diagnóstico:

Como ponto de partida, devemos considerar que escolas têm modos de funcionamento e populações distintos, e que não existe um programa de prevenção universal para todas elas. O programa deve ser moldado e adaptado conforme as necessidades e realidades das instituições. Para isso, a escola precisa realizar um diagnóstico, a fim de propor um programa de atuação adequado àquela comunidade.

Diagnóstico: *corresponde a uma fotografia da instituição, identificando os recursos técnicos, financeiros e materiais disponíveis, o funcionamento da organização e o conhecimento do público com o qual irá trabalhar.*

A escola deve considerar a realidade social e histórica na qual está inserida. O que isso significa? Se ela estiver na periferia, o ponto de partida e os objetivos a serem alcançados serão diferentes de uma escola situada na região central da cidade. Além disso, é preciso estar atento e informado sobre a tendência de uso e os tipos de drogas consumidas pela população geral ou mesmo no mundo. Assim, se o consumo de maconha tem aumentado significativamente nas estatísticas, é compreensível e esperado que o uso dessa substância também esteja crescendo naquela escola. Nesse caso, é possível perceber que o problema não está localizado e o planejamento das ações deverá considerar esse fato. Portanto, o diagnóstico consiste em ouvir as demandas dos diversos setores da comunidade (da direção aos familiares), criar estratégias compatíveis e diversificadas com o modo de funcionamento da instituição, com a realidade dessa população e com as tendências de consumo na sociedade.

Seguem algumas questões para ajudar a escola a realizar o diagnóstico traçando o perfil dos alunos, da escola e de suas famílias.

- Quais são os objetivos da escola ao realizar um programa de prevenção?
- Quem é o público desse projeto? Quem são os alunos, pais e funcionários dessa escola? Quais são suas características sócio-econômicas?
- Quais as drogas consumidas, com que freqüência e em que quantidade? Quais são os grupos ou jovens que apresentam comportamento de risco para o uso de drogas?
- Quais são os valores, as atitudes e crenças dessa população e da escola a respeito das drogas? O que se pensa sobre o usuário de droga?
- Como é a rotina da escola? Como ela se organiza? Quais são as concepções educacionais que permeiam seu programa pedagógico? Existe um programa pedagógico? Esse tema já foi abordado na escola? De que forma?
- Como vêm sendo conduzidos os casos de alunos usuários ou

dependentes de drogas na escola? Existe um protocolo de atuação?

- Quais as informações sobre o tema na comunidade escolar?
- Qual é o panorama das drogas nos dias de hoje?

Quando a escola não conta com uma equipe técnica para auxiliá-la na implementação do programa, essas questões podem parecer óbvias e já respondidas. No entanto, consideramos que a sua discussão pode ser extremamente relevante, trazendo dados e informações autênticas e concretas sobre o perfil da escola e da comunidade, desmanchando valores pré-concebidos e condutas rotineiras.

B. Inserção do programa na escola:

A inserção do programa de prevenção na escola precisa ser realizada em etapas, pois há várias barreiras a serem contornadas. O uso de drogas é um tema que pode provocar desconfiança e medo. Algumas pessoas, por terem feito ou fazerem uso de substâncias psicoativas, podem ficar envergonhadas ou constrangidas, com medo de serem apontadas como doentes ou marginais. A escola pode estar dominada pelo tráfico e, nesses casos, fazer prevenção pode representar uma ameaça muito grande.

Também há muito preconceito com relação às pessoas envolvidas em programas de prevenção. Elas inicialmente são vistas como "caretas", "chatas" e repressoras. Com essa imagem, encontrar parceria e apoio no início pode ser uma tarefa difícil e desmotivante.

O sentimento de despreparo dos pais, professores e escola pode levá-los à recusa em envolver-se com o tema ou mesmo a boicotar o trabalho. São comuns afirmações como: "Isso dá muito trabalho e não adianta nada!"

Então é impossível fazer prevenção? Como vimos no capítulo anterior, existem alguns recursos que podem ser utilizados para contornar esses obstáculos iniciais: favorecer a educação para a saúde e não falar necessariamente sobre o tema drogas; buscar parcerias e incentivar a participação de todos no programa; realizar atividades prazerosas e divertidas.

Outro ponto fundamental é que a escola defina qual é a sua postura diante do problema das drogas. Ela pode entender que prevenção significa declarar guerra às drogas. Nessa concepção, nenhum tipo de uso é tolerado, utilizando-se de ações de controle social e punição para atingir esse objetivo e excluir os usuários.

Segundo nossa concepção, a prevenção ao uso indevido de drogas precisa educar para a saúde, enfatizando a qualidade de vida e a formação global do jovem. O trabalho e as ações preventivas propostas devem criar espaços de reflexão, questionamentos, expressão das angústias, necessidades e desejos do jovem, permitindo a formação de pessoas críticas, criativas e saudáveis.

Muitas vezes esquecemos de valorizar as ações pontuais de um membro da comunidade ou professor da escola e somente as consideramos válidas quando inseridas num programa bem estruturado e de longo prazo. Não podemos esquecer que ações individuais e isoladas podem ser o mote para a estruturação de um programa sólido e duradouro, que é o desejado.

C. Capacitação da equipe escolar:

Para fazer prevenção ao uso de drogas é necessário que a equipe da escola seja capacitada a partir de informações confiáveis. Devemos tomar cuidado para não acreditar que sabemos tudo sobre o tema, e que as referências pessoais são a única fonte de informação para o trabalho. Inicialmente, é preciso aproveitar e buscar as experiências e conhecimentos já existentes. Não é preciso reinventar a roda!

Além dos aspectos teóricos, a formação deve contemplar aspectos práticos envolvidos na prevenção. Assim, é preciso fazer um planejamento de atividades para o ano letivo, propor ações sobre o tema em sala de aula, preparar a equipe para trabalhar aspectos emocionais e afetivos e ir constituindo um acervo de aulas, materiais, atividades, textos, livros, lista de filmes e páginas da Internet.

Para que essa capacitação aconteça, é fundamental o apoio da escola, pois a equipe terá de dispor de horas de trabalho para reuniões, organização das atividades preventivas e estudo.

D. Planejamento:

Essa é a parte central de um programa de prevenção para que o mesmo não seja emergencial e corresponda às necessidades levantadas no diagnóstico, além de considerar todas as etapas descritas até o momento. Por exemplo: ao realizar o diagnóstico, percebe-se que a droga mais consumida pelos alunos foi o álcool. Portanto, o planejamento precisará ter ações preventivas mais voltadas ao uso dessa substância.

Nessa etapa, sugerimos a elaboração de um plano de trabalho para organizar as ações preventivas e definir os objetivos a serem atingidos ao longo do ano, tendo em vista os seguintes critérios:

- Quais atividades?
- Quem é meu público-alvo?
- Onde será realizada?
- Quantas pessoas são esperadas?
- Qual o objetivo dessa atividade?
- Como será feita a divulgação?
- Como será a avaliação?

E. Desenvolvimento das Ações Preventivas

Estas têm maior impacto quando dirigidas a toda a comunidade escolar (alunos, professores, funcionários e pais). Assim, evitamos que as pessoas se sintam incomodadas, julgando que o projeto está tentando apenas identificar quem são os usuários.

> ***Temas Transversais*** *são assuntos que atravessam as diferentes disciplinas e possibilitam discussões sobre cidadania, prevenção, sexo seguro, meio ambiente, entre outros.*

Uma boa dica para dar continuidade às ações preventivas é inseri-las no programa pedagógico da escola, através dos temas transversais.

Nessas atividades devem-se abordar todas as formas de uso de drogas legais e ilegais, dando prioridade às mais consumidas naquela população.

Outro ponto importante é que a escola estabeleça regras sobre o uso de drogas, que devem valer para todos. Não adianta proibir o aluno de fumar se os professores fumam durante o intervalo ou mesmo em sala de aula. Devemos lembrar que existem leis que regulamentam essa situação e que podemos recorrer a elas sempre que necessário, pois elas ajudam a orientar e justificar as ações.

As ações preventivas precisam fazer parte dos eventos propostos pela escola, como festas, assembléias e reuniões de pais. Por exemplo: é possível apresentar um trecho de filme sobre drogas numa reunião de pais e pedir que eles comentem a cena, ou mesmo distribuir material informativo sobre prevenção, e até ter uma barraca na Festa Junina da escola para responder às dúvidas e distribuir mensagens sobre qualidade de vida e prevenção.

O projeto também pode promover atividades extracurriculares, utilizando-se de datas comemorativas como o Dia Internacional Sem Tabaco (31 de maio), ou o Dia da Mentira (1º de abril) – no qual podem ser contadas ou mesmo escritas em faixas algumas das mentiras relacionadas ao uso de drogas, como "maconha é natural e por isso não é droga", "eu sou mais forte que a droga e paro quando quiser" e "ser fumante passivo não prejudica minha saúde", e desmentir todas elas. A escola também pode desenvolver eventos que não tenham vinculação com datas comemorativas, mas para estes é fundamental uma boa divulgação, a fim de que a atividade tenha sucesso.

Ações com grupos menores também são desejáveis, pois permitem que as pessoas expressem suas idéias com mais tempo e atenção. É importante incentivar grupos de discussão com pais, alunos, funcionários ou professores, ou mesmo grupos para promoção do diálogo entre pais e filhos, professores e alunos, funcionários e professores. Para o bom desenvolvimento dessas atividades é fundamental a criação de um canal de comunicação entre os responsáveis pelo projeto e a comunidade escolar, que pode ser feito através de e-mail, caixinhas de sugestões, jornal da escola, entre outros.

Como inserir o trabalho no projeto pedagógico da escola?

• Criar um acervo de aulas, atividades e dinâmicas reaplicáveis que abordem todas as drogas e os diferentes usos, acessível aos professores.

• Oferecer supervisão aos professores para dar apoio ao desenvolvimento de aulas e atividades que discutam o tema em sala de aula, um momento de reflexão sobre a prática, esclarecimento de dúvidas e motivação para o trabalho.

• Elaboração de material didático para campanhas preventivas a serem lançadas na escola.

• Facilitar e estimular a participação em cursos, oficinas e seminários sobre o tema.

• Estimular a atuação dos professores.

Lembrete: Cada ação preventiva é muito valiosa. Mesmo que a escola não tenha um programa de prevenção, um educador mobilizado para trabalhar com o tema pode desenvolver atividades com esse objetivo. Devemos saber que, por se tratar de um tema delicado, a inserção dessas atividades no cotidiano escolar requer tempo e grande parte das vezes são poucos os interessados, mas é por esse caminho que podemos iniciar o trabalho e estimular a comunidade.

F. Avaliação:

Neste item discutiremos a maneira de medir se as atividades foram desenvolvidas de acordo com os objetivos do programa e se estamos atingindo os resultados propostos. Para avaliar os resultados precisamos nos pautar pelas metas estabelecidas durante o diagnóstico e no planejamento.

Para tanto, podem ser definidos alguns critérios:

• Quem está sendo atingido pelo programa? Esse critério corresponde ao número de pessoas que o projeto atingiu e o número de atividades de que cada indivíduo participou. A partir desses dados podemos verificar se o projeto está alcançando toda a população inicialmente planejada ou se sempre o mesmo grupo de alunos ou de professores participou da atividade específica. É fundamental criar instrumentos de registro.

- Como as atividades foram desenvolvidas? Neste item é preciso avaliar se as atividades propostas aconteceram conforme os princípios e os objetivos pré-estabelecidos. Para tanto, é necessário um momento de conversa e de reunião para avaliação.

- Como a equipe avalia o desenvolvimento do programa? Momentos constantes de discussão sobre a repercussão das atividades, reunir opiniões sobre o andamento do programa, ter uma visão abrangente dos resultados permitem o ajuste do programa às necessidades da escola e da comunidade. São exemplos desse tipo de avaliação:

- Pré/pós-teste: questionários que medem a opinião dos alunos sobre drogas e seus conhecimentos sobre o tema. Aplica-se o teste antes e após a atividade e depois se compara se houve alguma alteração nas respostas.

- Análise Curricular: esta metodologia é importante quando o programa de intervenção está sendo realizado a longo prazo. Assim, uma escola que durante o projeto passa a ter ações mais voltadas para o desenvolvimento emocional, construção da autonomia, preocupação com a saúde física e mental juntamente com os aspectos voltados para o conteúdo informativo, já está realizando um programa de prevenção ao uso de drogas com sucesso.

Capítulo 4

12 aspectos do tratamento

Edson Henry Takei

O tema drogas tem sido cada vez mais abordado nas escolas, na mídia e nos lares. Ao mesmo tempo em que aumentam as informações sobre o assunto, cresce também o temor de pais e educadores. Esse temor pode impulsionar medidas corretas no sentido de prevenir e tratar a dependência química, mas também pode levar a medidas extremadas, algumas vezes prejudiciais ao próprio indivíduo doente.

Vamos apresentar 12 aspectos importantes no tratamento da dependência química. Mas, antes, vamos ter uma noção do tema com que estamos lidando.

Para compreender melhor a força dos sentimentos envolvidos no consumo de drogas, basta se lembrar de sua primeira grande paixão. Normalmente, trata-se de uma relação possessiva que mistura ciúme, grande necessidade um do outro e muitas brigas e desacordos entre os amantes.

O dependente quer sempre estar junto da droga, pensa nela constantemente e, por mais que saiba que ela não lhe faz bem, fica no dilema entre largá-la (o que parece inviável, pois sente que necessita dela para sobreviver) ou tolerar seus problemas. Mistura sentimentos de raiva e paixão, deflagrando comportamentos às vezes impulsivos e desatinados.

A separação normalmente vem um dia, mas é extremamente dolorosa. Quando longe da droga, o usuário só se lembra dos seus aspectos positivos, sentindo algo próximo de saudades. Um tremendo vazio o invade e vários questionamentos ficam sem resposta. De fato, ele sempre se lembrará dela como a grande paixão de sua vida (apesar de, com o tempo, perceber que a manutenção dessa relação seria impossível, pois o levaria à autodestruição). Aos poucos, ele vai tendo que reconstruir sua vida sem a droga, redescobrindo como amar novamente, sem que isso o destrua.

Compreendida a intensidade do problema, vamos às considerações:

1) A preocupação

É comum a sensação de total desorientação dos pais ao descobrir que um filho utilizou drogas (mesmo quando ele ainda não pode ser caracterizado como dependente). A necessidade de respostas e orientações muitas vezes faz com que se procure o profissional mais conhecido (e, claro, mais caro) da área. Esse profissional muitas vezes é o médico-psiquiatra. Não é raro que essa procura se dê antes mesmo do consentimento do paciente, para fins de orientação. Ocorre também de os pais levarem o paciente sem que ele saiba que se consultará com um profissional para lidar com essa questão. Nesse caso, é comum que o paciente se sinta enganado e, às vezes, acuado, o que faz com que ele até colabore durante a consulta, mas dificilmente mantenha o tratamento proposto pelo profissional.

Por mais que se deseje uma resposta objetiva e infalível de um profissional, por melhores que sejam suas referências para combater o problema, dificilmente se encontrará uma resposta sem que se abordem primeiro a realidade e as necessidades das pessoas envolvidas. Devem-se até tomar com certas reservas as propostas de programas de tratamento que deram certo aqui ou ali, com essa ou aquela escola ou paciente, pois eles podem não funcionar numa nova realidade. A escolha do melhor caminho a seguir no tratamento deve ser feita analisando-se caso a caso com o auxílio das pessoas envolvidas. O conhecimento de quem vive com o paciente que busca tratamento ou de quem atua diariamente na escola pode ser fundamental para o sucesso do profissional contratado.

Cuidado: o medo do problema faz a fortuna de quem lucra com tratamentos radicais ou palestras alarmistas. Pessoas não capacitadas espalham notícias estapafúrdias como "90% dos jovens de 2° grau já experimentaram maconha..." Felizmente, ainda não chegamos a esse ponto! O fato é que tanto os pais como muitos educadores realmente amplificam a preocupação e o medo das drogas através do exagero em suas conseqüências. O problema é que os jovens, ao se defrontarem com usuários que não apresentam o mesmo desfecho trágico dos relatos de seus pais, passarão a não mais acreditar no que lhes é dito, rejeitando inclusive informações úteis e válidas.

2) A intervenção tardia

Muitas vezes o temor de causar conflitos familiares faz com que se ignore ou se suprimam eventuais suspeitas quanto ao uso de drogas de uma pessoa da família. É comum notarmos um certo mal-estar dos pais em perguntar e interferir na vida dos filhos. De certa forma, esse "falso liberalismo" pode dificultar a identificação precoce de um problema com drogas.

Assim, embora não seja recomendável a tradicional investigação nos pertences e na rotina dos filhos (procurando cheiro de maconha nas roupas, perguntando aos amigos dos filhos etc.), é importante buscar uma abertura para discutir não apenas sobre o tema drogas, mas sobre outros temas da convivência familiar. Essa abertura só será correspondida se os filhos perceberem que não se trata de uma discussão unilateral, na qual os pais terão sempre a palavra final e a razão em tudo. Nessa discussão, é também importante haver abertura para o debate amplo de fatos com os quais os filhos também não concordam nas atitudes dos pais. Quais os fatores que levam os filhos a não se abrirem com os pais? Às vezes a falta de intimidade (os filhos freqüentemente têm mais contato com o amigo da escola do que com os pais), a posição de poder e de decisão sobre os filhos (afinal, quantos de nós nos abrimos com nossos chefes no trabalho?), a necessidade do filho de expressar suas idéias sem que alguém diga que "sua experiência de vida mostra que isso não funciona..." Qualquer que seja o motivo, ele pode ser quebrado com uma atitude contínua de aproximação dos pais.

Levemos em conta ainda que o medo de uma abordagem franca do assunto também acomete as escolas. Muitos educadores ainda evitam o tema como forma de "não inventar novos problemas", ou "não cutucar o vespeiro", ou "não se meter em assuntos que não dizem respeito à escola". De modo geral, as escolas só buscam auxílio profissional quando começam a aparecer os casos graves de dependência química e suas conseqüências, como problemas legais, acidentes, apreensão de drogas dentro da instituição etc.

Vale ressaltar que, quanto mais precoce a intervenção, menos se gasta e menos se sofre com o problema, o que torna mais do que válido introduzir esse assunto nas discussões do dia-a-dia.

3) Por quê?

Um anseio comum buscado particularmente por pais de usuários é a busca do porquê da dependência química. O sentimento de culpa e impotência frente ao problema muitas vezes faz com que haja uma tentativa infrutífera de se estabelecer relações causais entre acontecimentos da vida do indivíduo e a dependência química. Infelizmente, é praticamente impossível a apreensão de todos os fatores que levam uma pessoa ao uso de drogas. Nem o melhor profissional do mundo poderia esclarecer de forma objetiva essa questão, uma vez que esses fatores são geralmente múltiplos e entrelaçados. Grosseiramente, podemos dizer que sempre se encontra ao menos uma interação entre um indivíduo suscetível, um ambiente facilitador e a oportunidade de uso.

Aos pais, uma mensagem: ninguém tem bola de cristal. Se não há a intenção de prejudicar, como se pode falar em culpa pela dependência química desse ou daquele indivíduo? Ninguém sabe com certeza quais as interações que determinam o futuro. Assim, julgar ações no passado como responsáveis pela dependência, além de inútil, pode ser totalmente equivocado. Deve-se saber distingüir as autocríticas reais e fantasiosas, construtivas e destrutivas, inclusive do próprio paciente, que, inseguro, pode culpar os pais pelos seus atos.

4) O anseio do controle

Frente ao que se ouve sobre dependência química não é raro que os pais busquem um profissional que literalmente se oponha ao comportamento do filho usuário. Algumas atitudes são comuns:

a) Medir forças com o paciente. Por exemplo: "Se você não tomar a medicação, vamos ser obrigados a interná-lo" ou "Ah, você vai fugir da internação? Pois então vou ter de sedá-lo."

b) Chantageá-lo. Exemplo: "Se você faltar uma vez na reunião, falo para seus pais pararem de pagar suas contas".

c) 'Quebrar suas pernas'. Exemplo: "Você deve parar de negar sua doença. Você é um alcoólatra e não tem a menor preocupação com nada nem ninguém."

d) Culpá-lo: "Olhe o que você está fazendo para sua família! Como você acha que eles estão se sentindo depois do que você fez?"

e) Ameaçá-lo: "Se o teste toxicológico der novamente positivo, iremos interná-lo!"

Com certeza o usuário de drogas já escutou tudo isso de seus familiares, sem que houvesse muito resultado. Há inclusive profissionais que expressam raiva, mágoa ou desapontamento quando seus pacientes chegam alcoolizados aos seus consultórios, como se isso os ajudasse de alguma forma.

Se por um lado alguns profissionais tentam "tratar" seus pacientes através desses apelos emocionais, outros tentam o tratamento baseado na rigidez. Sob essa ótica, é fácil controlar a dependência química: basta uma corrente e um cadeado.

A questão é: como internalizar esse controle? Como fazer com que o próprio usuário se controle? Para começar, pode-se tentar somar forças e não medir forças com o paciente. Obviamente, nem sempre é possível somar. Então, devemos direcionar essa força. Como? Partindo sempre da compreensão do mundo que o usuário enxerga. Que papel as drogas assumem nessa realidade? Na maioria das vezes, sob a ótica do paciente, as drogas não assumem um papel monstruoso e destruidor. Mesmo que essa visão seja uma distorção do que você enxerga como realidade, aceite-a como o conjunto de crenças do paciente. A partir daí, deve-se ajudar o usuário a sentir e descobrir novas percepções de realidade que possam fazer com que ele se dê conta do que as drogas estão escondendo, substituindo, apaziguando ou exaltando. Enfim, deve-se explorar as descobertas para encontrar novas formas de viver tolerando a dor e apreciando a vida naturalmente.

Não é preciso dizer que esse processo é lento, gradual, cheio de tropeços e retrocessos, para não dizer que é vago e impreciso. No entanto, para uma doença tão complexa, nada muito objetivo pode ser abrangente o suficiente para trazer resultados.

Muitas vezes, tudo o que os pais querem é que o médico use de seu poder para restringir as ações do filho, sobre o qual não têm mais controle. A questão central sobre a qual devemos nos debruçar é se o objetivo final deve ser controlar o paciente ou dar-lhe condições de se controlar à sua maneira. Ou seja, ao invés de suprimir um comportamento doentio do paciente, devemos ensiná-lo a buscar comportamentos mais saudáveis que lhe dêem tanta satisfação, alívio ou alegria quanto as drogas lhe davam (embora a um elevado preço), mesmo que não gostemos ou concordemos com esses comportamentos.

5) O profissional mais requisitado

Na realidade, o trabalho integrado de diferentes profissionais é mais rico e atinge com maior abrangência os diversos aspectos envolvidos no caso específico do paciente tratado. Nem sempre o médico é o mais recomendado. Às vezes um assistente social, um psicoterapeuta, um padre ou um amigo pode ajudar muito mais. Ainda assim, a busca pelo médico, revestido por uma aura de onipotência e prestígio, traz certo alívio aos pais do dependente químico, mesmo que sua ação no caso seja secundária. Parte dessa busca preferencial pelo médico se dá pelo seu direito de internar o dependente.

6) A transformação

É difícil definir o que é sucesso de tratamento. Basicamente, pode-se dizer que tentamos buscar que o indivíduo consiga lidar com suas angústias e dificuldades, descobrindo prazer e satisfação mesmo numa vida sem drogas. Isso não significa que ele se transformará num ser ideal, ou mesmo numa pessoa que acredite nos mesmos valores que seus familiares. Deve-se ter em mente que o tratamento não tira a individualidade do paciente, não muda (e nem deve mudar) quem ele é. Apenas permite que outras facetas do indivíduo voltem a aparecer. A tentativa de moldar o caráter do paciente muitas vezes ignora suas particularidades, o que pode levar a uma rejeição do tratamento e mesmo de uma abordagem preventiva. Em resumo: não se deve combater o dependente químico, mas a dependência química. Insistir numa transformação artificial do paciente, fazendo a temida "lavagem cerebral", não muda o que ele sente, o que ele deseja, o que ele é. É difícil para muitos pais admitir que o filho pode não querer ser quem eles gostariam que ele fosse.

Tipicamente, vários pacientes tendem a mentir mostrando uma mudança de caráter quase espantosa (particularmente quando querem alta de uma internação). Isso pode servir como medida do quanto estamos nos enganando ao requisitar do paciente uma mudança que ele não é capaz ou não quer fazer. A família, enganada por esse contraste de atitudes, normalmente vai ao médico dizendo: "Ele é um amor de pessoa, mas quando bebe vira um monstro."

7) A fórmula mágica

Não há medicação mágica para dependência química. Por maior que seja a eficácia de uma medicação, seu efeito é limitado. Afinal, não se pode tratar uma doença com raízes biológicas, psicológicas e sociais apenas com medicação. Claro que, às vezes, a sensação de estar tomando alguma medicação pode ter um efeito psicológico sobre o paciente, que pode se sentir mais seguro (mesmo que essa medicação tenha um efeito limitado). Obviamente, existe uma pressão de venda dessas medicações (ou venda dessa expectativa...), mas é importante estar atento a falsas medicações milagrosas (na maioria das vezes, caras). Existem remédios eficazes, é verdade, mas quando associados a outras formas de tratamento.

Deve-se estar atento também ao fato de que a medicação deve impedir o uso de drogas, mas sem transformar a vida do paciente num inferno. Assim, sedar o paciente pode até parecer uma ótima terapia, mas devemos nos lembrar de que o indivíduo não poderá passar o resto da vida sedado. Alguns chamam essa forma de "tratamento" de "sonoterapia". Outros entendem que é apenas uma forma química de camisa-de-força.

8) O paciente identificado

Muitos pais levam o dependente ao médico como O indivíduo problemático, o vórtice da infelicidade, frustração e raiva de pais, irmãos e outros familiares. É verdade que dificilmente encontraremos um indivíduo dependente funcionando em total harmonia numa família sadia. No entanto, não é raro aparecerem situações em que o dependente químico não é a pessoa com maior desequilíbrio psíquico na família. Há casos em que se identifica que toda a família está ou é doente, necessitando de suporte profissional para restaurar seu equilíbrio. Nesses casos, o dependente químico é apenas "a ponta do *iceberg*", sendo tomado como receptáculo de todas as crises familiares.

Não é fácil para um parente aceitar suas próprias dificuldades e problemas, mas para tratar um dependente químico é preciso participar ativamente do processo de reflexões e mudanças por que também passa o paciente. Afinal, se o paciente se propõe a mudar, seus familiares precisam se preparar para conviver com essa nova pessoa.

Assim, embora não seja incomum a família entregar ao médico o paciente para que este o cure, muitas vezes é necessário também tratar outras pessoas que convivem com ele.

9) O contato entre o paciente e o profissional

Independentemente de como chegou o paciente (forçado, enganado, orientado ou a seu pedido), é importante que logo se defina uma relação de confiança entre ele e o profissional.

Em particular para o adolescente, a postura paternalista, tipificada pela expressão "é o melhor para ele", pode dificultar qualquer abertura do paciente. Uma postura de aceitação, sem críticas, tentando levar o dependente químico a enxergar diferentes aspectos do seu comportamento, a ponto de compreender os motivos e as implicações de seus atos, pode ser a melhor opção.

Devemos ter em mente que não basta ao profissional saber o caminho para se sair do convívio com as drogas. É preciso que ele ensine o próprio paciente a enxergá-lo, pelo seu próprio ângulo de visão. Através da ótica do paciente, problemas que parecem inicialmente irrelevantes ao profissional podem se mostrar fundamentais ao indivíduo e ao seu tratamento.

10) Lealdade ao paciente

Nenhum tratamento terá bons resultados se as pessoas não se sentirem seguras com relação às intenções do profissional. Assim, é fundamental que fique claro que a intervenção visa principalmente conservar a integridade física, psicológica e social do indivíduo. Deve haver segurança de sigilo e anonimato daqueles que se identificarem como usuários. Deve haver também a garantia de que não haverá prejuízos ao paciente identificado. O temor de uma "caça às bruxas" por parte de pais ou professores faz com que muitos alunos usuários de drogas não se tratem com medo de se expor e sofrer retaliações futuras.

Atenção: tudo o que os filhos mais temem com relação à revelação de um possível contato com drogas é a típica reunião de família, em que ouvem frases como: "Por que, filho? Nós nos matamos para te dar tudo do bom e do melhor e é assim que você se comporta?"

11) A avaliação de resultados

O tratamento dificilmente é realizado do começo ao fim sem erros, dificuldades e retrocessos. Apesar da frustração de um resultado almejado e não atingido, é importante aprender com esse processo, corrigindo atitudes equivocadas e fazendo novas propostas de melhoria. A dependência química surge pela confluência de inúmeros fatores, nem sempre contemplados logo no início da intervenção do profissional. Por isso, uma reavaliação periódica e natural dos resultados obtidos é importante.

É importante também compreender que abstinência não significa sucesso, assim como não-abstinência não significa fracasso. Algumas mudanças íntimas, em crenças, sentimentos ou atitudes, podem não ser mensuráveis, mas são muito importantes e não devem ser ignoradas.

12) Tratamentos não convencionais

Cuidado deve ser tomado para também não se valer de condutas aparentemente lógicas, mas de eficiência não comprovada. Pela própria origem multifatorial da doença, não é difícil aparecerem explicações das mais diversas sobre a gênese do problema, como sendo exclusivamente espiritual, social, moral etc. Paralelamente, acompanham as curas espirituais, as respostas sociais para o problema, as doutrinações morais, a cura pelo trabalho etc.

A verdade é que dificilmente encontraremos situação na qual apenas uma origem do problema possa ser identificada. O importante é compreendermos a dependência química como algo dentro do contexto de crenças do paciente.

Deve-se ter especial cuidado com as interpretações de cunho moral, que muitas vezes determinam ações também moralistas. Isso dificulta a aproximação do paciente, sua disposição ao tratamento e sua melhora clínica.

Não é raro um certo sentimento de raiva dentre os inúmeros sentimentos despertados pelo dependente químico. No entanto, não é com punição que se consegue mudar o paciente. Na realidade, essa atitude sequer alivia o sentimento de raiva.

O profissional precisa ter não só a mente aberta, mas também seu coração, para abrigar o mundo de seu paciente. Nesse sentido, é absurdo se falar de imparcialidade na relação médico-paciente.

Capítulo 5

Uso de drogas. Existe um porquê?

Lygia Vampré Humberg

"Vida é noção que a gente completa seguida assim, mas só por lei de uma idéia falsa. Cada dia é um dia"

Guimarães Rosa

Este capítulo aborda aspectos que envolvem a personalidade do dependente de álcool e drogas e sua família, através das questões mais ouvidas nestes anos de experiência.

Existe um culpado?

"Por que, por que eu, por que meu filho? Acho que sou culpada... Acho que meu marido é culpado..."

Coloquei esta questão como a número um, pois acho fundamental sabermos antes de tudo que não existem culpas nem culpados. Existem pessoas que estão sofrendo e que precisam de ajuda.

Onde eu errei?

Cada um faz o melhor que pode. E errar todo mundo erra. O que podemos fazer é encarar o momento e tratar o dependente e sua família, dando espaço para se falar o que se sente, sem acusações e agressividade, com sinceridade, buscando caminhos, sem jogar a responsabilidade para o outro. Só assim a família poderá ficar mais unida e se ajudar.

Então por quê?

A dependência tem várias causas, e o mais importante é sabermos quem é **este** dependente. Essa pessoa única, com seus problemas próprios e sua família. Mesmo que seja o nosso primeiro impulso, e que tentemos, não adianta ficarmos buscando porquês. O melhor a fazer é olhar para a frente e pensar como tratar e prevenir.

Podemos entender o que está causando sofrimento para tentar melhorar, mas ficar só buscando porquês vira mais um motivo de dor.

Afinal, de quem estamos falando? Quem é esse dependente?

Não existe **O** dependente, mas várias pessoas diferentes. Cada um com suas dificuldades e facilidades e tanto a família quanto o profissional devem estar atentos a isso.

O dependente é uma pessoa ruim, fraca de caráter?

O dependente é uma pessoa como qualquer outra, só que tem uma dificuldade crônica e tratável. No entanto, pode-se aprender a lidar com ela sem que cause tantos problemas e sofrimento. Assim como quem tem diabetes, asma, hipertensão e alergias. Nenhum dependente é menos humano ou "legal" por isso. Apenas precisa de cuidados específicos e tem limitações, como qualquer um. Na dependência de álcool e drogas existe muito preconceito e isso atrapalha. É mais fácil compreender que o diabético recaia e coma um doce do que o dependente. Mas a dependência inclui a compulsão, que é um desejo mais forte do que a pessoa, que precisa de tratamento para aprender a controlar e lidar com essa dificuldade.

Compulsão: *Impulso irresistível, sentido como urgente, de uma tendência para realizar este ou aquele ato, que se executa para além de qualquer controle e além da emoção. Pode haver compulsão a repetir mesmo experiências dolorosas que não foram compreendidas pelo indivíduo, e que este repete sem compreender conscientemente por que o faz. Por isso, precisa de ajuda profissional.*

Ah, mas eu tenho pena...

Não é preciso ter pena. O dependente não é menos do que ninguém e pode e deve ter uma vida normal, trabalhar, amar, ficar feliz, triste. Só não pode beber e usar drogas. A pena prejudica e faz com que o dependente fique infantil e superprotegido. Será melhor se o ajudarmos a desenvolver sua autonomia, cuidar-se e respeitar a si mesmo. Deixar que perceba os prejuízos que pode ter e cresça com isso. Se consertarmos tudo, a gente aprende, mas o outro não. Lembrando que não superproteger não significa tratar mal, desrespeitar, bater, falar tudo o que nunca falou, e sim colocar limites. Mas com amor.

Todo mundo tem defeitos e limitações, mesmo as pessoas de quem mais gostamos, e ninguém é menos por isso, e nem perde todas as suas outras qualidades. Uma vez atendi uma mãe que dizia: "Ah, mas meu filho é tão lindo, tão inteligente, não dá para entender..." Como se o dependente tivesse que ser horrível, burro. Não tem nada disso! Os dependentes são como toda a população: lindos, feios, bonitos, gordos, magros, professores, doutores, industriais, pedreiros, desempregados, inteligentes, sensíveis, insensíveis. Como todos nós!

Mas se a família ou o familiar não conseguir ajudar o dependente a se desenvolver, ficar sempre com pena e superprotegendo, esse é um sinal que o familiar também deve procurar ajuda. Mudar de atitude não é fácil e um tratamento psicológico pode ajudar bastante.

É que eu sinto também raiva...

A raiva é um sentimento comum, pois o dependente acaba muitas vezes sendo "chato", agressivo, folgado, não ajudando nas tarefas domésticas, arranjando brigas ou confusão dentro e fora de casa. Além disso, por estar desesperado para usar a droga ou até por brigas com traficantes, o dependente pode acabar roubando a própria família. E pode também agredir por sentir-se mal e envergonhado pela sua situação ou ficar com raiva pela maneira como é tratado (estando todos magoados e confusos na família, um acaba tratando o outro mal). O dependente pode também ser desagradável por estar sob efeito da droga, "viajando" ou sonolento, e compreendendo tudo de outro modo, ou não compreendendo. Ou também pela "fissura" (desejo incontrolável) a pessoa se torna irritada e ansiosa.

A pessoa pode ter também uma *bad trip*, ou má viagem, que é quando o principal efeito da droga é potencializar os medos e assim o usuário pode sentir-se apavorado, perseguido e agredir também quem está perto. Nesses casos, é importante procurar acalmar o dependente, conversar com ele, não deixá-lo sozinho e, se for necessário, procurar ajuda profissional.

Pode também haver um ou mais casos de overdose, ou seja, tomar uma dose muito grande da droga e a pessoa desmaiar, ter convulsões ou até mesmo entrar em coma. Nesses casos, deve-se levá-lo ao pronto-socorro. O profissional de saúde não irá denunciar esse dependente, que está protegido pelo sigilo profissional. Ele só poderá ter problemas com a polícia se levar drogas com ele.

É importante que a família deixe seus limites claros para o dependente, procurando não responder na mesma moeda, para não criar ou aumentar o círculo vicioso de agressões e incompreensões. É preciso cortar. Caso não consigam, podem procurar ajuda.

Mas ele é muito violento.

Muitas vezes o dependente se torna violento por ter sofrido violência e ter aprendido isso, virando o modelo de relação que ele conhece. Porque ele sempre teve tudo o que queria e não aceita ser contrariado, ou porque está desesperado, com "fissura" pela droga, o que faz com que perca o controle e faça de tudo para consegui-la, até mesmo roubar a própria família. Ou ainda o jovem que nunca teve nada e assim não tem o que perder. São situações muito difíceis. Mas é importante não ceder e não demonstrar medo. Senão, o dependente se sentirá mais poderoso e ninguém terá coragem de contrariá-lo. De modo geral, é importante falar "não" e manter as regras da casa. Se a família não consegue sozinha, pode pedir ajuda a um profissional, para os amigos, vizinhos, grupos de auto-ajuda, e até para a polícia.

Se uma pessoa da família estiver fortalecida, poderá ajudar a lidar com o dependente, mudando assim o jeito como a família se relaciona e as decorrências desse jeito para cada um (dinâmica familiar).

E essa dinâmica familiar tem algo em comum?

Devemos sempre lembrar que cada família é única e deve ser respeitada nas suas particularidades e também nas suas semelhanças, descritas a seguir:

- Familiares têm dificuldade de saber que têm conflitos e limitações e atribuem ao outro a responsabilidade por seus problemas.

- Em geral, há dificuldade de falar "não" e de haver regras claras, ou de falar sobre sentimentos e lidar com o afeto. Como se fosse feio ou vergonhoso gostar mesmo que o outro tenha dificuldades. Ou gostar de alguém de quem tenhamos também raiva. Em alguns momentos dá mesmo raiva, mas isso não significa que o amor não exista.

- Parentes podem apresentar depressão ou outras dificuldades que precisem de tratamento.

- A família não faz isso por "mal", mas muitas vezes não percebe que alguns de seus comportamentos podem ser prejudiciais.

- Muitos familiares e dependentes querem soluções rápidas e perfeitas, vivem no "agora ou nunca", e abandonam muitos tratamentos, e depois acham que seu caso não tem solução. **Não tem solução mágica, mas tem tratamento!**

- Às vezes não agüentam que o tratamento demore, e que o profissional também não possa fazer milagre... Dói saber que o caminho do tratamento, e da vida, é tortuoso, longo e incerto, e que **não tem receita**! E se alguém disser que tem, é mentira! Mas podemos nos fortalecer para lidar com esse caminho, que tem tristezas, alegrias, amores, desamores, sol e chuva. O caminho da vida não é uma linha reta; é cheio de curvas, de vais e vens, erros e acertos. Enquanto se está vivo, o coração bate assim ^^^^^^^^^, só quando se morre é que a linha fica reta ———————.

Muitas vezes a forma de relacionamento da família de dependentes é chamada de co-dependência. E o que é co-dependência?

É, basicamente, depender do outro. E do mesmo modo que o dependente não tem controle sobre sua dependência, o co-dependente também não tem.

São aqueles familiares que só falam do dependente e só se preocupam com isso. Responsabilizam o outro por tudo de sua vida: "Eu perdi minha vida para cuidar do meu marido..." O familiar sente como se não tivesse escolha porque está frágil também. Eu atendia uma esposa de dependente que passava a sessão inteira falando do marido, como ele era, o que fazia e como atrapalhava sua vida. Se eu perguntava dela, logo voltava o assunto para ele:

– "E seu trabalho?"

– "Meu trabalho está bom, mas você acredita que outro dia meu marido foi lá'..."

E voltava a falar dele.

– "E seus filhos?"

– "Meus filhos estão crescendo, mas sabe que o meu marido fala com eles assim..."

E voltava a falar dele. Ela não percebia, mas fazia da sua vida ele! E isso é muito sofrido, e dá muita raiva! Porque para controlar, para estar sempre presente na vida do outro, a pessoa acaba se escravizando e perdendo sua liberdade. Mas é ela que faz isso com sua vida, sem notar. E um tratamento pode ajudar muito.

É importante também saber que nenhum tratamento faz a família perfeita, porque isso não existe. Todas as famílias têm suas dificuldades e particularidades. Mas o tratamento ajuda a ver que muitas vezes não é só o dependente que tem problemas e que precisa de ajuda. Toda a família pode se beneficiar, melhorando a comunicação e vendo como cada um pode contribuir para facilitar o convívio.

Outros exemplos de comportamentos e atitudes dos familiares que facilitam ou tornam crônico o problema da dependência:

- Minimizar, ignorar, racionalizar, o problema: "Meu familiar dependente? Imagina! Ele só bebe um copinho" (sempre no diminutivo). Ou só bebeu porque brigou com o chefe, só porque está calor, porque está frio. E assim vai, sempre buscando justificativas e evitando encarar o problema de frente, o que é fundamental para o tratamento.

• Acobertar, proteger, facilitar ou assumir responsabilidades extras. Por exemplo, a esposa cujo marido chega bêbado e vomita na casa inteira. Ela limpa tudo e ele acorda sem nenhum prejuízo, nem lembra o que fez. Além do mais, se ele perde a hora de manhã, ela liga para o chefe dele, dá uma desculpa e ele não precisa fazer nada. Muitas assumem ainda a responsabilidade financeira e de organização da casa e o lugar que sobra para o outro é mesmo de inútil. Ao invés disso, pode-se exigir responsabilidade, divisão de trabalho e tratamento.

• Vitimização: "Olha como eu sofro por causa do outro, olha como eu sou boa porque tolero isso". O ideal é que não se ultrapasse os próprios limites e que o problema seja encarado de frente!

• Liberdade excessiva, como deixar o dependente usar drogas em casa ou sair a qualquer hora ou levar quem quiser em casa.

• Falta de limites com dinheiro, horários, aceitação da agressividade.

• Preocupação em ocultar as falhas que o usuário apresenta, ou "fechar os olhos" para os prejuízos de qualquer ordem, causados pela dependência.

• Tinha uma mãe que dizia: "Eu sei que se eu der dinheiro para o meu filho ele vai usar drogas, mas eu não consigo não dar". Ou seja, essa mãe contribui para a dependência do filho mesmo sem querer e, do mesmo modo que o dependente, precisa de ajuda para conseguir mudar.

• Ficar se culpando, ou deixar que a raiva, o desespero e a mágoa tomem conta do relacionamento, sem buscar ajuda.

E os dependentes têm características comuns?

Em geral, sim. É importante salientar, mais uma vez, que cada indivíduo é diferente do outro e que as manifestações das doenças e da co-dependência não aparecem da mesma maneira para todos.

• Baixa auto-estima, ou seja, não gostar de si mesmo, não se valorizar.

• Muita exigência consigo mesmos. Exigem perfeição e não podem mostrar nem lidar com suas dificuldades, entre elas a dependência, e o sofrimento que passam. Têm vergonha de serem dependentes, não assumem isso e querem sempre mostrar que está tudo bem. Fazem promessas diminuindo a dimensão do problema.

- Acham que as soluções têm que ser imediatas e absolutas.

- Pouca tolerância à frustração: não podem esperar para ter um desejo atendido.

- Sentem os "nãos" e as dificuldades da vida como se fossem contra eles (os outros são felizes, não têm as dificuldades que eles têm), e não que a vida é difícil para todos e temos de aprender a lidar com ela.

- Sentem-se fracos para lidar com a realidade, que muitas vezes é difícil.

- Usam a droga como alívio para lidar com a realidade. Como o Popeye – que só se sente forte para lidar com tudo quando come espinafre –, só se sentem fortes com a droga. E vão de um extremo ao outro: num momento sentem que nada tem solução e em outro acham-se os donos do mundo. Mas no outro dia muitos acordam deprimidos e arrependidos e, muitas vezes para não lidar com isso, usam a droga novamente.

- Dificuldade de encarar seu problema, de se responsabilizar e assumir as conseqüências do que fazem.

Para finalizar, uma curiosidade:

Quando falamos do dependente, em geral usamos essa palavra ou adicto. O substantivo adicção quase não é usado na língua portuguesa, sendo mas comum o adjetivo adicto: 1. Afeiçoado, dedicado, apegado. 2. adjunto, adstrito, dependente. (definição do *Dicionário Aurélio*).

Achei importante terminar com essa definição para demonstrar que o adicto ou dependente é também dedicado, afeiçoado, apegado. Muitos familiares me falam: "Sabe, o meu marido é uma pessoa tão boa, não dá para acreditar que use drogas...". Como se a pessoa que usa drogas perdesse suas outras qualidades, tornando-se só um drogado. Não pudesse ser mais nada de bom. O uso de drogas precisa ser tratado, mas o dependente não perde suas outras qualidades. Não deixa de ser afeiçoado, carinhoso, ou qualquer outra característica que a pessoa tenha, e é importante ajudá-lo a se dedicar a outras coisas que não só às drogas. O dependente é, antes de tudo, um ser humano que deve ser respeitado e tratado para que possa assim aproveitar suas capacidades e lidar com suas dificuldades.

Capítulo 6

Histórias da Vida Real

Este capítulo foi escrito pelos cinco autores com o objetivo de relatar e comentar observações de situações que podem acontecer com qualquer pessoa, na clínica, na escola, em outras instituições, ou na vida em geral. São histórias comentadas, com o objetivo de elucidar algumas questões presentes em nosso cotidiano.

1) Uma criança me perguntou por que eu comecei a fumar cigarro. Respondi que comecei porque uma amiga que eu admirava fumava e, como eu queria ficar parecida com ela, pedi que me ensinasse. Em seguida, comentei que poderia ter feito outra coisa, como cortar o cabelo como o dela, assim evitaria a dificuldade que tive depois para parar de fumar. O menino olhou para mim e demos boas risadas!

Muitos pais ficam sem saber como falar sobre drogas com as crianças. Uma boa idéia é aproveitar os momentos em que as perguntas são feitas espontaneamente. No caso acima, a experimentação do cigarro estava associada a imagens positivas como a vontade de parecer com alguém que se admira. Existem outros motivos, como o *glamour* de segurar um cigarro, a possibilidade de fazer algo que pertença ao mundo dos adultos, o incentivo dos amigos. É importante dizer para a criança que é comum em alguns momentos imitarmos pessoas como amigos, astros da música e artistas em geral, mas que também precisamos valorizar o nosso jeito de ser, as coisas de que gostamos, mesmo que sejam diferentes dos outros.

2) Conversando com um menino de nove anos, comentei que era o momento de ele estar atento, porque os colegas poderiam lhe oferecer alguma coisa para fumar, cheirar ou beber. Ele argumentou: "Pode ficar tranqüila. Quando esses meninos maus me oferecerem alguma coisa eu não vou aceitar".

Uma conversa se baseia na possibilidade de pelo menos duas pessoas falarem e serem ouvidas. Isso vale para conversas entre adultos e destes com crianças e adolescentes. É, principalmente, quando podemos ouvir que temos a possibilidade de compreender a forma como a outra pessoa pensa.

A partir da conversa com essa criança podemos esclarecer que quem irá oferecer ou estimulá-la a tomar bebida alcoólica, a fumar cigarro de tabaco ou de maconha ou consumir qualquer outra droga, muito provavelmente, serão seus amigos e não meninos maus. Desfazer esse mito pode ajudar a criança a enfrentar situações reais.

3) Uma mãe, ao ver que sua filha está roendo as unhas, ameaça-a, afirmando que irá colocar pimenta em suas unhas. A filha responde, com uma expressão indignada, que irá colocar pimenta no cigarro de sua mãe também, pois já havia pedido diversas vezes para que ela parasse de fumar.

Existem hábitos que são muito complicados de abandonar. Por exemplo: roer unhas ou morder tampa de caneta. Nesses casos, não temos a dependência química, mas podemos ter o hábito. São pequenos gestos que realizamos de maneira involuntária, que na grande maioria das vezes são executados para aliviar o estresse ou obter prazer. Abandoná-los constitui uma tarefa árdua, podendo ser comparada à tentativa de parar de usar uma droga quando se é um dependente.

Nessa família, tanto a mãe como a filha necessitam de ajuda e não de 'pimenta'. A mãe pode ajudar a filha a perceber os momentos em que está roendo as unhas e mostrar como o fato de roer unhas prejudica a sua saúde. A filha pode fazer o mesmo com a mãe, buscando mais informações sobre os problemas acarretados pelo cigarro, incentivando-a a procurar um tratamento para tabagismo, além de auxiliá-la a identificar os momentos nos quais o desejo de fumar é mais intenso, o que pode, num primeiro momento, vir a diminuir o número de cigarros consumidos em um dia.

Entrar na disputa para saber quem está com a razão, ou simplesmente reconhecer que o outro faz coisas que nos desagradam, não favorecem a resolução desse conflito. É necessário compartilhar o sofrimento e as dificuldades, conversar sobre os problemas e criar estratégias para superá-los.

4) Um filho de 7 anos observa seu pai beber um copo de cerveja e pede para experimentar. O pai diz que não dará, pois cerveja é ruim, amarga e faz mal para a saúde. O filho, espantado, pergunta ao pai: "Então, por que você bebe?"

O espanto do filho se justifica, pois a resposta que o pai lhe deu é enganosa. Cerveja tem realmente um sabor amargo e pode fazer mal à saúde, mas se fosse tão ruim conforme o pai descreve ninguém tomaria. Não adianta utilizarmos argumentos exagerados ou falsos porque rapidamente eles serão desmascarados e as informações verdadeiras cairão no descrédito. É melhor explicar que criança não pode beber, que quando ela crescer pode vir a experimentar, alertando que se beber muito isso fará mal para sua saúde. Essa é realmente uma situação muito delicada, pois não existem respostas prontas e corremos o risco de cair em contradição. É por isso que o mais indicado são conversas sinceras sobre o tema.

5) Uma filha descobriu que seu pai fuma maconha e fica desesperada, pois se pergunta se tudo o que ele lhe ensinou é mentira, porque ele é um 'drogado'.

O fato de uma pessoa fumar maconha, usar álcool ou mesmo ser fumante não a transforma em alguém mentiroso ou sem caráter. Nossos pais não são os super-heróis que gostaríamos que fossem. Eles são humanos como nós e cometem erros e acertos. Nesse caso, é importante uma conversa franca entre pai e filha, na qual poderão ser expostos os medos, as dúvidas, as curiosidades sobre o uso de drogas. Também é fundamental que se busquem informações científicas, para não cometer o erro de generalizar a experiência de uma pessoa com a droga.

O pai deve ter claro para si que, mesmo cometendo erros, ele não perde seu lugar, o que será fundamental para a filha. Muitos pais, nesses momentos, tendem a se sentir tão culpados que esquecem ou não conseguem mais desempenhar suas funções.

Quando essa conversa não for possível, vale procurar um profissional da área, ou mesmo um familiar mais próximo ou um professor, a fim de que possam ser esclarecidos alguns exageros das informações, que acabam por gerar preconceito com relação à pessoa usuária de drogas, além de aliviar a angústia que essa situação traz.

É muito importante lidar com esse tema de maneira clara e embasada cientificamente, para não gerar situações confusas e conflitivas para os jovens.

6) Os três filhos de um casal de dependentes, cujo pai morreu e a mãe resiste a se tratar, buscam ajuda. Sua vida financeira e afetiva está arrasada, a mãe rouba-os para comprar drogas e, por causar muitos problemas, dificulta sua permanência nos empregos.

Ter pais dependentes em geral deixa muitas marcas nos filhos, que costumam crescer inseguros, casar com dependentes, ser dependentes também (não necessariamente da mesma coisa, pode ser de drogas, Internet, jogo, comida, sexo, relacionamentos, entre outras dependências), ou ser extremamente rígidos, não aceitando os pais e nem imperfeições que eles mesmos têm, causando muito sofrimento. Em famílias de usuários de drogas é muito comum haver outros problemas associados, como transtornos alimentares, que também, como a dependência de drogas, têm relação com insegurança e baixa auto-estima. Quanto maior a resistência em aceitar as dificuldades, falar sobre isso, tratar, mais elas vão crescendo. Não é vergonha ter problemas e é fundamental reconhecê-los para poder tratá-los.

Nesse caso, podemos ressaltar a importância de os filhos buscarem ajuda para poderem auxiliar a mãe e a si mesmos.

7) Os pais chegaram em casa mais cedo do que de costume e sentiram um cheiro de cigarro. Perguntaram ao filho quem tinha fumado e ele disse que tinha sido ele. Enfurecidos, os pais saíram, compraram um maço de cigarros e fizeram com que ele fumasse um cigarro atrás do outro, até passar mal.

Esse tipo de reação dos pais é mais comum do que imaginamos. Na tentativa de punir os filhos, acabam exagerando.

É natural que os pais fiquem decepcionados, com raiva ou assustados com os filhos, e precisem de um tempo para ter uma conversa com eles. Mas, no exemplo apresentado, por terem agido de forma impulsiva, desrespeitaram o filho e, ao contrário do que pensam, essa atitude não resolverá a questão e poderá ter como conseqüência a revolta e o distanciamento afetivo entre eles, mesmo que temporário. Os pais não precisam, necessariamente, aceitar os novos hábitos que os filhos adquirem a partir da adolescência. É importante que coloquem limites, mostrem suas opiniões e argumentos, mas precisam também ouvi-los.

8) Essa talvez seja uma das respostas mais comuns dos adolescentes aos pais que fumam ou bebem: "Quem é você para me dizer que drogas fazem mal e que este é o caminho errado. Desde que me conheço por gente você fuma e bebe. Faça o que digo, mas não faça o que eu faço. Belo exemplo!"

Muitos de vocês já devem ter ouvido a fala desse adolescente. Quem é dependente de cigarro lembra que, quando começou a fumar, já sabia que o cigarro fazia mal para a saúde, mas ficar doente era algo tão distante que preferiu experimentar sem se importar com isso. A partir daí, começou a fumar dois cigarros por dia, um mês depois fumava 10 e assim por diante... Até se dar conta de que não podia voltar para casa sem ter um maço de cigarros. Ao ser dependente de uma droga é que temos a clareza da dificuldade de abandonar o uso. Tentar parar pode ser um exemplo vivo e concreto para que o jovem comprove e vivencie a luta que é deixar de ser um dependente.

Além disso, é preciso tomar cuidado, pois realmente as atitudes dos adultos e, principalmente, dos pais são parâmetros de conduta para os filhos. Claro que ninguém é perfeito. Mas evitar dar o exemplo de fumar ou embebedar-se pode ser uma atitude extremamente preventiva.

9) Estava conversando com um grupo de jovens sobre o uso de drogas e perguntei a um deles, que vestia uma camiseta preta com a foto de uma banda de rock: – "Por que muitos artistas de rock usam drogas?" E ele prontamente respondeu: – "Porque amplia a consciência e fica melhor para compor as músicas, dá mais imaginação!" Eu retruquei: – "Então esses artistas sem as drogas não são de nada, porque não teriam imaginação suficiente para compor?" O garoto: – "Não... então acho que não é por isso que eles usam drogas, é porque a turnê de shows é muito estressante e eles têm que ter adrenalina para tocar." E eu perguntei: – "Então, quer dizer que antes de se tornarem famosos eles não usavam drogas, porque não tinham tantos shows para fazer, não é?" E ele, já um pouco irritado, me respondeu: – "Tá bom, não é por isso também! É porque todo artista de rock tem que usar drogas." Nessa hora nós dois começamos a rir, pois sabíamos que ia ser mais um argumento furado.

O uso de drogas será sempre um fenômeno multideterminado, ou seja, não haverá uma razão única que explique esse uso por uma determinada pessoa em um dado momento histórico. Assim, o fato de ser artista, roqueiro, sambista ou ter qualquer outra profissão não leva ninguém a se drogar. O que existe é um contexto no qual se dá a oportunidade de uso.

Existem motivos aparentes, que são mais fáceis de serem identificados, mas que não dão conta de explicar quais são as verdadeiras razões que levaram a pessoa ao uso de drogas. Por isso, é necessário cautela e muito diálogo com o jovem, a fim de que os preconceitos não falem mais alto do que os fatos.

10) Um pai e uma mãe discutiam sobre o que fariam após terem descoberto que seu filho estava fumando maconha. Num primeiro momento, a intenção foi proibir o filho de sair com os amigos e de viajar e exigir a prestação de contas de todo o dinheiro que gastava. Após discutir bastante, mudaram de idéia, falando com o filho sobre o amor que sentiam por ele e que sabiam que ele estava fumando, deixando claro que isso não os agradava. Desistiram da idéia de

proibir os passeios e as férias, mas pediram que o filho confiasse neles e lhes contasse se estava com algum problema ou precisando de ajuda.

A afetividade, o respeito e o amor são as melhores formas de se resolver os problemas familiares. Quando os pais desistiram das punições que iriam aplicar ao filho não foi por serem fracos ou 'pais liberais'. Foi um grande voto de amor e confiança nesse filho, além de uma demonstração de que estavam disponíveis para ajudá-lo.

No entanto, não basta conversar apenas uma vez, pois o filho pode achar que os pais estão concordando com o uso de drogas. É necessário manter o contato, ter conversas freqüentes sobre o tema, buscar informações, saber quem são os amigos de seu filho, que lugares ele costuma freqüentar, estar atento para perceber se as atitudes do filho estão mudando (por exemplo: diminuir os cuidados com o próprio corpo, com os estudos ou o trabalho, alimentar-se de forma irregular, fugir das conversas sobre sua vida, mudar de amizades).

É preciso ter em mente que existem momentos em que terão de ser colocados limites. Isso ocorre quando já foram feitas outras tentativas e o adolescente não respondeu a elas, não por falta de amor dos pais, mas sim porque ele estava com outros problemas e dificuldades.

11) Um garoto por volta dos 16 anos estava conversando sobre a dificuldade de estar fora dos padrões impostos pela sociedade, ou seja, não usar uma roupa igual à de todas as outras pessoas nem um corte de cabelo formal e gostar de rock. Falou que a sociedade não sabe respeitar as diferenças e que ser diferente era a coisa de que ele mais gostava. Emendou esse assunto dizendo que fumava maconha, que um dia esta iria ser legalizada e todo mundo poderia fumar à vontade, como o 'bando' de gente que fuma cigarro.

A adolescência se caracteriza por ser um período de conflitos e opiniões contraditórias. O que esse jovem nos fala é da dificuldade de ter sua própria opinião, pois ele acaba confundindo o que deseja. Nesse caso, a maconha tanto representa um diferencial como uma atitude comum entre os jovens.

É freqüente que o jovem relacione o uso de drogas com a liberdade de fazer o que quiser, mas isso não passa de uma armadilha perigosa. O jovem pode se tornar um dependente, passando da condição daquele que escolhe usar drogas para aquele que perde a capacidade de escolha.

12) Eram dois casais, adultos, formados em boas universidades, com trabalho fixo e que gostavam de se divertir à noite. Certa vez, resolveram fumar um cigarro de maconha, mas uma das mulheres teve medo e os outros três insistiram para que ela experimentasse, argumentando que seria divertido e nada de mal poderia lhe acontecer.

Como podemos perceber nessa cena, o uso de drogas está presente em situações que muitas vezes não imaginamos. Estamos acostumados a atribuir o uso de maconha exclusivamente a adolescentes, descontentes com a vida, mas nesse caso são pessoas bem-sucedidas e adultas.

Podemos perceber, também, que a pressão do grupo é um comportamento humano, mais evidente na adolescência, mas que permanece ao longo da vida. Embora os adultos se sintam mais preparados para fazer valer sua vontade, muitas vezes se submetem às regras do grupo, mesmo que não concordem inteiramente com elas.

13) Fazia tempo que eles se paqueravam e combinaram de ir a um bar. Pensaram que seria uma boa oportunidade para iniciar o romance. Depois de alguns drinques estariam mais relaxados, o que facilitaria a aproximação. Durante o encontro, ele tomava um drinque após o outro. Ela, no entanto, estava tomando um remédio e o médico havia recomendado que não misturasse com bebida alcoólica. Em determinado momento, ele insistiu para que ela experimentasse seu drinque. Ela avisou que não podia beber e ele desabafou: "Seria bem mais fácil para mim se você também estivesse bebendo".

Tomamos bebida alcoólica em alguns casos para relaxar, para nos sentirmos descontraídos e para perdermos a timidez. É muito comum que os casais, no primeiro encontro ou quando estão prestes a se aproximar, fiquem inseguros e bebam para ter coragem, às vezes exagerando na dose. Faz parte desse tipo de situação a insegurança, mas o exagero na quantidade pode levar ao fracasso do encontro.

Vale ressaltar que a atitude dela de não misturar bebida alcoólica com remédio foi muito prudente. Quando estamos em uma situação de festa, comemoração ou conquista, precisamos ter claro que a possibilidade de se divertir e de se sentir descontraído não está na bebida, mas em nós mesmos. Se pudermos beber, o ideal é fazê-lo com moderação, para que possamos aproveitar a situação sem o risco de passar vexame por perder o controle.

14) Ela estava tentando parar de fumar. Quando ia a festas, ficava com saudades do tempo em que se juntava aos fumantes para conversar e compartilhar o hábito e o ritual de fumar. Agora se sentia perdida, sem saber o que fazer com as mãos.

É incrível como criamos hábitos, como o de fumar, que passam a fazer parte da nossa identidade, ou seja, de como nos vemos, nos percebemos, e depois de alguns anos não nos lembramos mais como éramos antes de fumar. Às vezes, ingenuamente, achamos que é só parar e pronto. Isso acontece com algumas pessoas, mas para a maioria desistir de um hábito como o de fumar significa também rever uma série de aspectos a respeito de si mesmo.

Deixa-se com o cigarro um jeito de se relacionar consigo mesmo e com o mundo, mas continua-se sendo a mesma pessoa.

15) Em uma palestra numa escola, alguns professores manifestaram a seguinte opinião: "Para que fazer prevenção ao uso de drogas? Afinal, muitos amigos, parentes e conhecidos fizeram uso de maconha e de álcool a juventude inteira e não têm ou tiveram nenhum prejuízo. Inclusive muitos continuam usando até hoje, e todos trabalham, formam uma família, levam vida normal e são felizes".

Essa é uma afirmação muito perigosa. Realmente muitos experimentaram diferentes drogas durante suas vidas e não têm nenhum problema em função disso. No entanto, é impossível saber com antecedência quem terá problemas com o uso de drogas. Os riscos decorrentes do uso não estão apenas relacionados à droga em si (overdose, câncer, cirrose...), mas às situações de risco a que estamos expostos ao fazermos uso, tais como: a ilegalidade (fugir da polícia ou ser preso), a violência (brigas e roubo) e o tráfico (ser assassinado por dívidas). Todo mundo conhece alguém que já sofreu ou morreu num acidente de carro por estar dirigindo alcoolizado ao sair de uma festa.

Para atuar e refletir sobre a questão das drogas não podemos ter como referencial apenas nossas vivências e experiências, sejam elas positivas ou negativas. Nem sempre o que vivemos e acreditamos é válido para todos. Inclusive, esse é justamente um dos argumentos usados pelos jovens ou usuários de drogas para se convencer de que não correm nenhum risco: "todo mundo fuma...todo mundo bebe. Qual é o problema? Eu também posso." Precisamos sempre nos basear em informações científicas e seguras para fazermos afirmações sobre o assunto. Antes de tudo, também é preciso rever nossos preconceitos e valores a respeito desse tema.

16) Fala de uma mãe: "Eu sei que se eu der dinheiro para meu filho ele vai comprar drogas, mas eu não consigo não dar. Não é melhor que roubar?"

Com relação à dependência de álcool e drogas não existem regras únicas, mas em geral não se deve dar dinheiro para o dependente. Deve-se controlar seu dinheiro e, se possível, nem deixá-lo receber o salário, só comprando para ele o necessário enquanto ele não tem condições de administrar seu próprio dinheiro.

Mesmo sendo difícil, é melhor não ceder à sua chantagem. Se ele quiser roubar, tem que arcar com as conseqüências. Muitas vezes, mesmo os pais dando dinheiro, este passa a ser insuficiente e o dependente vai roubar de qualquer maneira. É comum ele ir parar na polícia. Só sofrendo prejuízos a pessoa pensa sobre o que está fazendo. Após um susto, alguns dependentes aceitam se tratar. Não adianta ceder à pressão, pois, mesmo os pais tentando superprotegê-lo, usando drogas o dependente está exposto a riscos. Ceder por medo ou pena deixa o dependente com um poder cada vez maior, fora da realidade, e pedindo mais e mais. Por mais duro que seja, é importante falar não!

17) A família percebe que seu filho está começando a ter prejuízos em decorrência do uso abusivo de drogas, mas, por vergonha e culpa, prefere esconder o problema, acreditando que conseguirá contê-lo sozinha dentro do núcleo familiar.

Essa situação é o reflexo de uma crença muito comum e de grande aceitação: "Quem está doente e dependente é ele, portanto ele deve se tratar. Nós não temos nenhum problema". Essa atitude de depositar no dependente o grande mal e a culpa por todos os males apenas reforça e mantém as coisas como estão e não o ajuda a enfrentar a situação. Na realidade, sabemos que a dinâmica familiar interfere tanto no sucesso quanto no fracasso do tratamento. Todos precisam de ajuda e de apoio.

Vale reforçar que, quanto antes o problema for enfrentado, maiores serão as possibilidades de recuperação. Ter medo ou amenizar as circunstâncias, as evidências e as suspeitas apenas cria uma montanha de poeira embaixo do tapete, multiplicando os problemas e os traumas a serem superados pela família e pelo dependente.

A família pode e geralmente precisa procurar tratamento para si e para o dependente, mas ela também pode encontrar apoio em seus amigos e pessoas com experiências similares. Os relatos positivos ou negativos podem inspirar a família em como agir e orientar-se. A situação gera uma mistura de sentimentos: raiva, medo, angústia, impotência... Assim, ter com quem contar e ser reconfortado pode ser fundamental nessas horas tão difíceis.

O que a família precisa ter claro é que ela geralmente não é autossuficiente para enfrentar os conflitos e as dificuldades geradas por um de seus membros dependente de drogas.

Por fim, a família precisa tomar cuidado para não expor em demasia seu familiar. Ninguém quer e nem precisa ter em seu currículo o rótulo de dependente de drogas. Essa atitude não ajuda o dependente a se recuperar, pois se trata de uma marca muito pesada e difícil de ser modificada. Podemos fazer um paralelo com alguém que sai da prisão ou de um hospital psiquiátrico. Ele é visto como ladrão ou louco e, portanto, indigno de confiança e respeito.

18) Alguns pais dizem: "Meu filho morreu por causa das drogas e sou responsável por isso, pois não pude ajudar."

Nesses casos, talvez a frase mais saudável a ser pronunciada fosse: "Meu filho morreu, apesar de eu ter feito o máximo que pude para ajudá-lo".

Muitas vezes damos o melhor de nós para ajudar um dependente, mas nem sempre ele consegue aceitar apoio. Não podemos esquecer que, em alguns casos, o dependente não consegue imaginar sua vida sem as drogas (não é uma escolha consciente). Da mesma forma que ele optou em usá-las, ele precisa optar por abandoná-las. Tomar essa atitude implica e significa uma reorganização profunda de si mesmo. Isso requer muita determinação e esforço de sua parte, assim como de sua família. No entanto, os pais não têm o poder de obrigar seus filhos a descobrir e fazer uma escolha criativa e mais saudável em sua vida.

Seja qual for a causa da morte de seus filhos, os pais tendem a se culpar por isso. Eles gostariam de ter o poder de controlar a vida e as escolhas de seus filhos. Infelizmente, esse não é um poder humano. A morte de um filho sempre será sentida com muito pesar e sofrimento. Em alguns casos, um apoio terapêutico pode ser indicado e é até mesmo necessário. O importante para a saúde ou o bem-estar desses pais é poder retomar sua vida e cuidar de si mesmos.

19) Uma mãe, cujo marido morreu de tanto beber e o filho morreu de AIDS devido à troca de seringas com outros usuários de drogas, não se conforma que a filha, depois de ver tanta desgraça, tenha se casado com um dependente. E trata a filha e o genro muito mal.

Por terem sofrido com pais dependentes, muitos filhos repetem a história que viveram em casa. Não é uma escolha e a pessoa não faz isso porque é 'burra' ou não aprendeu com o que viu em casa! É porque essa é a única forma de vida que ela conheceu, mesmo sendo ruim, e por isso ela a repete. Para mudar a situação, a pessoa precisa de tratamento, não de maus tratos e acusações.

Comparar com outras pessoas – "Ah, mas o pai da fulana também era dependente e o marido dela não bebe" – também não leva a nada. A fulana teve outra história, pode ter tido convivência diferente com a família e com outras pessoas, com quem pode ter aprendido modos de vida diferentes, além do fato de que cada um tem uma sensibilidade e uma maneira de lidar com o que vive.

20) Uma mulher desabafa: "Não agüento mais sustentá-lo. Ele é maior de idade, tem profissão e família. Desde que se tornou dependente de drogas, não consegue mais trabalhar. Ele precisa fazer alguma coisa para retomar sua vida normal. Um homem não pode ficar sem fazer nada."

Essas são afirmações muito comuns de famílias que enfrentam o problema da dependência química. Todos os pais esperam que seus filhos sejam bem-sucedidos e felizes. Ver um deles doente e fragilizado pode ser angustiante e extremamente decepcionante. Portanto, é compreensível que, para a família, a situação se torne um fardo e, muitas vezes, seja insustentável emocional e economicamente. Contudo, num certo estágio da doença, cobranças e exigências apenas intensificam o problema. Não podemos esquecer que o dependente pode estar buscando nas drogas uma potência ou habilidade que ele acredita não ter, ou ainda que faça uso de drogas para fugir de responsabilidades que não suporta e que pensa não ser capaz de assumir. Fazer exigências e cobranças pode reforçar o sentimento de incapacidade, gerando ainda mais conflito, angústia e medo. Num primeiro momento, é preciso que a família reconheça as limitações e impossibilidades do dependente, procurando fortalecê-lo. Carinho, compreensão, acolhimento e respeito podem ser remédios excelentes! Somente num segundo momento ele pode ser incentivado e motivado a retomar sua vida, sentindo-se capaz e potencializado para tanto.

21) Um casal chega dizendo ter descoberto que seu filho caçula já fumou maconha. Estão sentindo que seu mundo caiu, todo o esforço para dar uma boa educação, um lar adequado para seus filhos... O que fazer?

Converso com eles, explicando que existem vários níveis de uso de drogas: uso, abuso e dependência. A pessoa pode só ter experimentado ou usar esporadicamente sem prejuízos, ou pode haver abuso, quando já existem prejuízos (físicos, de saúde, emocionais, familiares, financeiros, judiciais etc.). Pode ainda haver dependência, quando a pessoa perde a condição de escolha. Mesmo que ela não queira usar, ela não consegue parar.

Num caso assim é importante conversar com o filho, saber o que está acontecendo e ficar atento se ele está indo bem na escola, como estão suas notas, se tem evitado contato com os pais, se sai, não diz aonde vai, se mente ou se está apresentando algum tipo de comportamento que chame a atenção.

Nada disso indica por si só que o filho esteja usando drogas, pois a adolescência é um período de contestação e busca de seus próprios caminhos. O adolescente está buscando referências, daí a importância do diálogo, da troca e de colocar limites, mas sem desespero ou acusações precoces.

22) Pais perguntam o que devem fazer, pois, após relutarem bastante em acreditar, descobriram que seu filho de fato usa drogas.

Recomendo que conversem com ele, deixando claro que a situação não pode ser deixada como está e que algo deve ser feito. Deve-se tentar entender o que se passa com ele, sem comentários em tom dramático do tipo: "Mas filho, por quê? Explique-me ao menos o porquê!" Escutar primeiro, concordando ou não com o que é falado: essa é a melhor forma de entender como ele de fato pensa. Por fim, escolher com o filho a melhor forma de buscar ajuda, fazendo um trato: caso ele não consiga parar mesmo com a ajuda dos pais, um profissional será procurado.

23) Fui procurada por pais muito preocupados que diziam achar que seu filho estava usando alguma droga: "Ele está rebelde, responde para a gente, não quer saber de conversa, não fica mais conosco, sai cedo com uns amigos esquisitos que não são mais aqueles que a gente conhecia, volta tarde, está magro, não come e não dorme direito..."

O mais importante em um caso desses é abrir espaço para o diálogo, escutar o filho, falar de suas preocupações e procurar entendê-lo. Caso essa aproximação seja difícil, a família pode procurar ajuda e orientação profissional ou até mesmo de amigos e parentes.

24) Uma senhora me procura dizendo que seu marido é dependente de álcool, grita, trata mal as pessoas de casa, não ajuda em nada, mas não quer se tratar. Ela pergunta: "Dá para interná-lo à força?"

Existem lugares que até internam à força, apesar de não ser o habitual. É importante ressaltar que internação não é solução. Muitas vezes os familiares acreditam que, uma vez internada, a pessoa voltará curada. O tratamento da dependência é longo, difícil e pode incluir recaídas, mesmo estando há algum tempo sem usar a droga. Isso não significa que a pessoa não tem jeito mesmo, mas sim que ela deve continuar seu tratamento. A internação pode também ser parte do tratamento, mas, quando a pessoa não quer se tratar, é melhor que a família busque ajuda antes, mude seus comportamentos, o que pode levar o dependente a perceber a necessidade de buscar ajuda.

25) A mãe de um dependente pede orientação, pois seu marido levou o filho a um profissional de saúde contra sua vontade. Dá para ter uma relação de confiança com o profissional assim, já chegando sem querer?

A relação profissional de saúde–paciente não tem regras fixas e vai se estabelecendo com os contatos feitos. Normalmente, o profissional tenta deixar claro que o objetivo principal não é checar se ele está usando drogas ou mesmo fazer com que ele pare se este uso for assumido, mas sim averiguar quais os problemas que ele está enfrentando, seja na escola, seja em casa. Se for relevante, o tema drogas vai cedo ou tarde aparecer na conversa. Mas a privacidade do jovem tem de ser respeitada, mesmo que os pais estejam ávidos para saber detalhes da sua vida.

26) Uma mãe chega falando que seu filho "não tem mais jeito, já passou por vários tratamentos, mas não adianta".

Realmente, não adianta somente passar por tratamentos. É importante escolher com cuidado o tratamento adequado para cada caso e nele permanecer. Tratar a dependência de álcool e drogas é, em geral, um processo longo e difícil, que exige paciência, compreensão, vontade e colaboração. Podem haver recaídas nesse caminho, vontade de largar, raiva, desânimo, mas tudo isso é parte do processo, e não significa que não esteja dando certo. Considerar cada pequeno passo ou descoberta como uma grande vitória (porque é) ajuda bastante.

27) Um paciente comenta: "Ah, mas você nunca usou drogas, você não sabe o que é isso..."

Vários pacientes chegam com essa questão, como se, para compreender o sofrimento alheio, tivéssemos de ter passado exatamente pelas mesmas coisas. Cada um tem uma história de vida e é impossível termos a mesma história de cada paciente. O importante é estar aberto para escutar e ajudar, sem críticas ou pré-julgamentos.

Para saber mais: Recursos para tratamento

Antes de analisarmos os recursos disponíveis para tratamento, vamos observar alguns conceitos gerais:

A) Normalmente, um tratamento é dividido em fases que podem ser diferentes, dependendo de quem o desenvolve. De forma geral, pode-se falar nas seguintes etapas:

– **Motivação:** muitas vezes é despertada após algum evento que choque o paciente (como um acidente, um problema de saúde, uma séria crise familiar). Deve ser sempre reforçada, mesmo após anos sem o uso de drogas. Os aspectos positivos conseguidos com o tratamento devem ser ressaltados, embora se deva ter cuidado para que a euforia por um tratamento bem-sucedido não faça com que o paciente descuide de certas medidas básicas, levando a recaídas.

– **Conscientização:** o paciente deve aos poucos perceber e entender os prejuízos que o consumo de drogas estava causando em sua vida. Ao mesmo tempo, deve refletir sobre todo o processo de envolvimento com as drogas e as modificações por que passou ao longo dos anos.

– **Desintoxicação:** fase curta de retirada da droga, que normalmente é feita de forma abrupta. Nesse período, o indivíduo deve ser tratado para resistir à falta da substância, mesmo tendo forte necessidade física e psíquica dela.

– **Processo de modificações propriamente dito:** ocorre com o auxílio de diferentes profissionais que vão atuar nas áreas da vida do paciente que estão associadas ao consumo da droga, modificando crenças, hábitos, comportamentos e atitudes e tratando problemas como depressão, ansiedade, crises familiares, dificuldades de relacionamento etc. Erros do passado são revistos e reparados e novas formas de agir são testadas.

– **Fase de reconstrução:** uma vez conseguindo se manter sem a droga, o indivíduo precisa reconstruir sua vida, buscando novos caminhos para ser feliz.

B) Nem sempre o usuário é dependente, o que não significa que ele não precise de tratamento. Existem graduações usadas pelos profissionais de saúde que vão desde o uso recreativo ou a experimentação até a dependência, com todos os seus aspectos mais graves. Deve-se ter em mente, inclusive, que não é a quantidade de droga consumida que define a gravidade do caso, mas sim o comprometimento da vida do indivíduo com o uso das drogas. O tratamento sempre deve ser proporcional ao quadro do paciente. Medidas extremadas podem ser desastrosas em casos mais leves tratados com excessivo rigor.

C) No tratamento, as taxas de recaída são altas, o que não deve desestimular o paciente e seus familiares. Devemos aprender com os erros, aprimorando nossas condutas até alcançarmos o sucesso.

D) O tratamento deve envolver os vários recursos necessários para o caso do paciente (psicoterapia, medicações, grupos de auto-ajuda etc.). Deve também envolver sua família. O tratamento normalmente é caro, demorado e exige uma dose especial de paciência por parte de todos (familiares, pacientes e até profissionais).

E) A colaboração do paciente é fundamental. Assim, o estabelecimento de um bom vínculo entre ele e o profissional é indispensável. Fazer tratamento com alguém que o paciente odeia ou não confia reduz muito as chances de sucesso.

Vistos esses conceitos, avaliaremos os principais recursos disponíveis para tratamento. Muitas pessoas acreditam em diferentes formas de se tratar a dependência química, de acordo, inclusive, com o próprio entendimento do que seria a doença (alguns nem acham que é doença). Este capítulo não tem como intenção descrever todas as formas de abordagem existentes, nem descrever os fundamentos de cada uma delas.

Grupos de auto-ajuda: nesses grupos – como Alcoólicos Anônimos, Narcóticos Anônimos e outros –, os indivíduos são todos semelhantes e dividem suas experiências, buscando através de princípios de humildade, arrependimento e fraternidade modificar suas condutas e ajudar uns aos outros. Muitas pessoas não se sentem à vontade realizando esse compartilhamento ou simplesmente não desenvolvem empatia com o grupo. Outras não vêem respaldo para seus dilemas individuais ou seu desconforto psíquico. Mesmo assim, milhões de pessoas pelo mundo já foram beneficiadas por esses grupos, passando inclusive a beneficiar mais pessoas. A aceitação de participar desses grupos deve ser íntima e totalmente individual. Há um momento na vida de um dependente em que ele está pronto para a real entrega às propostas desse recurso.

Grupos de auto-ajuda para familiares: grupos como Al-Anon e Nar-Anon podem ser freqüentados por familiares mesmo que o paciente não esteja em tratamento. Dão um suporte que muitas vezes o sistema de saúde não é capaz de dar. Os familiares comumente têm uma necessidade importante de ao menos se sentirem compreendidos e amparados, entendendo que não estão sozinhos nessa luta. Esse amparo mútuo pode ajudá-los também a encontrar algumas soluções para o convívio com o dependente químico.

Médico-psiquiatra: tem maiores condições de ajudar em problemas médicos decorrentes do uso de drogas e pode medicar os pacientes. Para casos em que a depressão, ansiedade ou outras alterações psíquicas aparecem, é importante sua participação. No entanto, não se deve imaginar que uma consulta por mês para revisar medicação vá trazer resultados satisfatórios para a maioria dos dependentes. Cuidado: poucas medicações são de fato aprovadas para o tratamento de dependência química. Às vezes, o que o médico chama de "vitamina" pode ser uma medicação potencialmente perigosa, com diversos efeitos colaterais. Assim, não aceite tomar nada sem uma franca discussão sobre os efeitos colaterais, possíveis problemas com a medicação, efeitos esperados etc.

Psicoterapeuta/psicanalista/psicólogo: fundamental para a compreensão das origens da dependência e para a percepção do que ela representa na vida do indivíduo. Também fundamental para auxiliar o paciente a encontrar alternativas para lidar com a vida sem as drogas. Cuidado: às vezes, as interpretações podem esconder transtornos psíquicos importantes, que precisariam ser tratados com medicação.

Orientação/psicoterapia familiar: essencial, muitas vezes indispensável. Além de fornecer mais dados sobre a origem do problema, ajuda os familiares a reavaliarem sua postura frente ao paciente. Não é raro que os próprios familiares estejam sofrendo, necessitando também de amparo.

Internação em pronto-socorro: comum nos momentos de intoxicação, agressividade ou da chamada Síndrome de Abstinência (em algumas situações, o indivíduo pode passar mal quando interrompe abruptamente o consumo de álcool ou drogas, necessitando de tratamento durante alguns dias). Em função do acesso mais fácil (pode-se dispor desse recurso 24 horas por dia, 7 dias por semana) e pelo fato de algumas vezes ser a porta de entrada para internação em hospitais psiquiátricos, ele é muito buscado, embora não resolva o problema da dependência química. Muitas vezes os familiares, a polícia ou amigos levam o paciente e insistem na necessidade de internação até pelo fato de não o tolerarem mais. É comum também o aparecimento de pessoas sem suporte social (principalmente moradores de rua) que querem se internar como forma de sair dessa situação. Pessoas fugindo de problemas legais também alegam dependência química (ou doença mental de forma geral) para conseguirem ficar internadas. Os próprios dependentes costumam ir ao pronto-socorro para "tomar um soro", que muitas vezes não é mais do que água com açúcar. Essa internação normalmente é de menos de 24 horas, embora possa se prolongar até por dias em casos da citada Síndrome de Abstinência.

Internação em hospital psiquiátrico: receio de muitos dependentes, esse recurso deve ser utilizado quando o paciente não está totalmente lúcido ou está realmente psicótico (sentindo, acreditando, vivenciando coisas que não são reais e nas quais o paciente tem crença irremovível e absoluta). Pela indignação de ver seu parente profundamente envolvido no uso das drogas, muitos familiares alegam que o paciente está louco, o que muitas vezes não é verdade. Não deve ser usada como forma de forçar o paciente a se tratar. O excesso de medicações sedativas também não é adequado como forma de "tratamento". Esse tipo de internação normalmente dura de um a três meses e, se feita em clínicas particulares, é bastante cara. Os familiares muitas vezes, mesmo sabendo que a internação não é a solução para o caso do paciente, realmente insistem em adotá-la, seja como forma de punição, seja para se verem livres do paciente por alguns meses.

Internação em comunidade terapêutica: em primeiro lugar, é muitas vezes difícil definir o que é comunidade terapêutica. Normalmente, é um sítio no qual os pacientes buscam a recuperação através do trabalho, ou através da religião, ou através dos grupos de auto-ajuda. A internação geralmente dura vários meses (de três a nove) e não custa excessivamente caro (às vezes um salário mínimo ou uma cesta básica por mês). Muitos pacientes não aceitam esse tipo de internação (que deve ser voluntária), seja pela proibição do tabaco, seja pelos aspectos religiosos, pelo próprio trabalho, entre outros motivos. O problema muitas vezes ocorre quando o paciente sai desse ambiente ideal e se defronta com sua realidade, recaindo após a alta. É importante lembrar que esses lugares, pelo fato de não contarem com profissionais de saúde, não estão vinculados ao sigilo médico e nem se responsabilizam pela saúde do paciente.

Para saber mais: Outras fontes de informação

Este livro obviamente não esgota o assunto, que é muito amplo. Caso você tenha interesse em buscar mais informações sobre drogas e álcool, prevenção e tratamento, a seguir encontra algumas dicas que selecionamos.

Livros

- *A droga*, de Claude Olievenstein (Brasiliense, 1980).
- *A droga, a escola e a prevenção*, de Salete Maria Vizzolto (Vozes, 1987).
- *A Maconha*, de Fernando Gabeira (Publifolha, 2001).
- *Admirável mundo novo*, de Aldous Huxley (Globo, 2001).
- *Adolescência, família e drogas*, de Luiz Alberto Pinheiro de Freitas (Mauad, 2002).
- *Clínica e terapêutica de adições*, de Eduardo Kalina (Artmed, 2000).
- *Co-dependência nunca mais*, de Melody Beattie (Record, 1997).
- *Doces Venenos – Conversas e desconversas sobre drogas*, de Lidia Rosenberg Aratangy (Olho D'Água, 1991).
- *Drogas e AIDS – estratégias de redução de danos*, organizado por Fábio Mesquita e Francisco Inácio Bastos (Hucitec, 1994).
- *Drogas e drogadição no Brasil*, de Richard Bucher (Artes Médicas, 1992).
- *Drogas – hegemonia do cinismo*, organizado por Maurídes de Melo Ribeiro e Sérgio Dario Seibel (Memorial, 1997).
- *Drogas na Escola – Alternativas Teóricas e Práticas*, organizado por Julio Groppa Aquino (Summus Editorial, 1998).
- *Drogas: subsídios para uma discussão,* de E. A. Carlini e J. Masur (Brasiliense, 1989).
- *Esmeralda, por que não dancei*, de Esmeralda do Carmo Ortiz (Senac/Ática, 2000).
- *Feliz Ano Velho*, de Marcelo Rubens Paiva (Brasiliense, 1982).

- *Narcotráfico: um jogo de poder nas Américas*, de José Arbex (Moderna, Coleção Polêmica, 1994).
- *O Cigarro*, de Mario Cesar Carvalho (Publifolha, 2001).
- *O Narcotráfico*, de Mário Magalhães (Publifolha, 2000).
- *O que é prevenção de drogas*, de Roberto Wusthof (Brasiliense, Coleção Primeiros Passos, 1991).
- *O que é toxicomania,* de Jandira Masur (Brasiliense, Coleção Primeiros Passos, 1985).
- *O vencedor*, de Frei Betto (Ática, 2001).
- *Obrigado por fumar*, de Christopher Taylor Buckley (Cia. das Letras, 1996).
- *Sobre o tempo e a Eternaldade*, de Rubem Alves (Papirus, 1996).

Filmes

- *Laranja Mecânica*. Direção: Stanley Kubrick (1971).
- *O expresso da meia-noite*. Direção: Alan Parker (1978).
- *Apocalypse Now*. Direção: Francis Ford Coppola (1979).
- *Eu, Cristiane F., drogada e prostituída*. Direção: Ulrich Ede (1981).
- *Pink Floyd The Wall*. Direção: Alan Parker (1982).
- *Platoon*. Direção: Oliver Stone (1986).
- *Feliz Ano Velho*. Direção: Roberto Gervitz (1987).
- *Os bons companheiros*. Direção: Martin Scorsese (1990).
- *The Doors*. Direção: Oliver Stone (1990).
- *Quando um homem ama uma mulher*. Direção: Luis Mandoki (1994).
- *Kids*. Direção: Larry Clark (1995).
- *Trainspotting*. Direção: Dany Boyle (1995).
- *Diário de um adolescente*. Direção: Scott Kalvert (1995).
- *Despedida em Las Vegas*. Direção: Mike Figgis (1995).
- *Garota Interrompida*. Direção: James Mangold (1999).
- *O informante*. Direção: Michael Mann (1999).
- *Notícias de uma guerra particular*. Direção: João Moreira Salles e Kátia Lund (1999).
- *A praia*. Direção: Danny Boyle (2000).

- *Requiém para um sonho*. Direção: Darren Aronofsky (2000).
- *Bicho de sete cabeças*. Direção: Laís Bodansky (2000).
- *Traffic*. Direção:Steven Soderbergh (2000).
- *28 dias*. Direção: Betty Thomas (2000).
- *O Barato de Grace*. Direção: Nigel Cole (2000).

Sites

- www.abead.com.br
- www.aborda.org.br
- www.adolesite.aids.gov.br/
- www.aids.gov.br
- www.aprendiz.com.br
- www.docesvenenos.cjb.net/
- www.drogas.org.br
- www.drugabuse.gov
- www.drugabuse.org
- www.drugsafe.org
- www.ecos.org.br
- www.einstein.br/alcooledrogas
- www.estadao.com.br/ext/drogas
- www.imesc.sp.gov.br/infodrog.htm
- www.jointogether.org
- www.lampada.uerj.br/nepad/
- www.nationalfamilies.org
- www.newscotina.com.br
- www.saude.inf.br
- www.undcp.org/brazil
- www.unifesp.br
- www.uol.com.br/parceriacontradrogas/
- www.usp.br/fm/grea
- www.vad.com.br/vivix

Bibliografia

– *Aspectos Básicos do Tratamento da Síndrome de Dependência de Substâncias Psicoativas*. Publicação da Secretaria Nacional Antidrogas – Senad, Brasília, 1999.

– *Drogas, AIDS e sociedade*. Publicação do Ministério da Saúde, Programa Nacional de Doenças Sexualmente Transmissíveis/AIDS, Brasília, 1995.

– *Manual de Redução de Danos: Saúde e Cidadania*. Publicação do Ministério da Saúde. Coordenação nacional de DST e AIDS. Secretaria de Políticas Públicas, Brasília, 2001.

ABERASTURY, A. e KNOBEL, M. (org.). *Adolescência normal – Um enfoque psicanalítico*. Porto Alegre: Artes Médicas, 1981.

ALVES, R. A. *A gestação do futuro*. Campinas: Papirus, 1986.

AQUINO, J. G. (org.). *Drogas na escola: alternativas teóricas e práticas*. São Paulo: Summus Editorial, 1998.

ARATANGY, L. R. *Doces venenos – Conversas e desconversas sobre drogas*. São Paulo: Olho D'Água, 1991.

BUCHER R. e OLIVEIRA S. "O discurso do 'combate às drogas' e suas ideologias", in *Rev. Saúde Pública* v. 28, n. 2, p. 137-45, 1994.

BUCHER, R. *Drogas: o que é preciso saber*. São Paulo: FDE, 1992.

GOBBI, S. *Adolescencia y adicción. Acerca de la Elección de la Droga*. Rosario: Homo Sapiens Ediciones, 1993.

GURFINKEL, D. *A Pulsão e seu objeto-droga: estudo psicanalítico sobre a toxicomania*. Petrópolis: Vozes, 1995.

IBOPE. *Pesquisa de opinião sobre drogas encomendada pela Associação Parceria Contra as Drogas*. São Paulo, 1999.

KALINA, E. e col. *Drogadição hoje. Indivíduo, família e sociedade*. Porto Alegre: Artes Médicas, 1999.

LAPLANCHE, J. e PONTALIS, J. *Vocabulário da Psicanálise*. São

Paulo: Martins Fontes, 1988.

LEITE, M. C. *Conversando Sobre Cocaína e Crack*. Publicação da Secretaria Nacional Antidrogas – Senad, Brasília, 1999.

LEVISKY, D. L. at. col. *Adolescência e violência: conseqüências da realidade brasileira*. Porto Alegre: Artes Médicas, 1997.

MARLATT, G. A. *Redução de danos: estratégias práticas para lidar com comportamentos de alto risco*. Porto Alegre: Artmed, 1999.

NIDA (National Institute on Drug Abuse). *Preventing drug use among children and adolescents – A research based guide*. NIH Publication, 1999

SEIBEL, S.D. e TOSCANO Jr., A. (orgs.). *Dependência de drogas*. São Paulo: Atheneu, 2001.

XAVIER DA SILVEIRA, D. & E.D. *Um Guia para Família*. Publicação da Secretaria Nacional Antidrogas – Senad, Brasília, 1999.

Quem são os autores

Daniela Pinotti Maluf é formada em Psicologia pela Pontifícia Universidade Católica de São Paulo (PUC-SP). Fez aprimoramento clínico institucional na Clínica Ana Maria Poppovic/PUC-SP, tem especialização pelo Instituto de Estudos Avançados da Universidade de São Paulo (USP) no curso Educar na Sociedade da Informação. Faz atendimento clínico e trabalha no GREA – Grupo Interdisciplinar de Estudos de Álcool e Drogas do Instituto de Psiquiatria do Hospital das Clínicas da Faculdade de Medicina da USP, onde desenvolve, planeja e implementa programas de prevenção ao uso indevido de drogas e coordena o projeto de prevenção na Escola de Aplicação da Faculdade de Educação da USP. É professora do curso de Aperfeiçoamento em Dependências Químicas da Faculdade de Medicina da USP.

Edson Henry Takei é psiquiatra formado em Medicina pela Faculdade de Medicina da USP. Fez residência no Departamento de Psiquiatria da mesma faculdade, especializando-se em dependência química. É especialista pela Associação Psiquiátrica Brasileira. Desenvolve o projeto "Consumo de Drogas entre Universitários Paulistas" através do GREA – Grupo Interdisciplinar de Estudos de Álcool e Drogas do Instituto de Psiquiatria do Hospital das Clínicas da Faculdade de Medicina da Universidade de São Paulo. Realizou o Curso de Formação em Psicodrama SOPSP-PUC. Atua na área de prevenção às drogas em escolas e empresas, desenvolvendo o trabalho de tratamento em hospitais gerais, clínicas psiquiátricas e junto a comunidades terapêuticas. É do Conselho Técnico Consultivo do DARE Brasil e da Comissão Integrada Permanente de Combate às Drogas na cidade de São Paulo, mediada pelo Denarc. Trabalha como psiquiatra da Polícia Militar do Estado de São Paulo e desenvolveu palestras na Febem e na Acadepen – Academia Penitenciária.

Lygia Vampré Humberg é psicanalista formada pelo Instituto Sedes Sapientiae, pós-graduanda da Faculdade de Medicina da USP, com estudo sobre Co-dependência, além de psicóloga formada pela PUC-SP e especialista em Psicologia Clínica e Psiquiátrica pela Faculdade de Saúde Pública da USP. Fez o curso Diagnóstico, Tratamento e Habilidades em Dependências, que é parte do mestrado em Dependências: Aspectos Clínicos e de Saúde Pública, no National Addiction

Centre, do Instituto de Psiquiatria do Maudsley Hospital, do King's College, da Universidade de Londres. Tem 10 anos de experiência em atendimento clínico e trabalha no GREA – Grupo de Estudos de Álcool e Drogas, do Instituto de Psiquiatria do Hospital das Clínicas da Faculdade de Medicina da USP, onde é idealizadora e coordenadora do Programa de Assistência Familiar, para familiares de dependentes de álcool e drogas. É professora do curso de Aperfeiçoamento em Dependências Químicas da Faculdade de Medicina da USP e uma das autoras do livro *Colóquio Freudiano – Teoria e Prática da Psicanálise Freudiana* (Editora Via Lettera, 2001).

Marine Meyer é formada em Psicologia pela PUC-SP, tendo cursado o aprimoramento clínico institucional em psicoterapia familiar na Clínica Ana Maria Poppovic/PUC-SP. Desde sua formação, tem grande interesse pela psicologia escolar e todo o seu trabalho tem sido voltado para essa área. Trabalhou como orientadora educacional numa creche do Estado de São Paulo e no setor de prevenção do GREA – Grupo Interdisciplinar de Estudos de Álcool e Drogas do Hospital das Clínicas da Faculdade de Medicina da USP, onde desenvolveu e coordenou uma pesquisa sobre prevenção ao uso de drogas na Escola de Aplicação da Faculdade de Educação da USP. Ministrou também aulas no curso de Aperfeiçoamento em Dependências Químicas da Faculdade de Medicina da USP.

Thais Helena Mourão Laranjo é psicóloga formada pela PUC-SP, tendo cursado Especialização em Psicologia Hospitalar em Reabilitação na DMR – Divisão de Medicina de Reabilitação do Hospital das Clínicas da Faculdade de Medicina da USP. Cursa a Pós-Graduação em Enfermagem – Nível de Mestrado no Departamento de Enfermagem em Saúde Coletiva na Escola de Enfermagem da Universidade de São Paulo. Trabalhou em clínica psicológica e em colégio em São Paulo, atuando hoje no setor de prevenção do GREA – Grupo Interdisciplinar de Estudos de Álcool e Drogas do Instituto de Psiquiatria do Hospital das Clínicas da Faculdade de Medicina da USP, mais especificamente no Produsp – Programa de Prevenção e Tratamento do Uso de Drogas na USP. É professora do curso de aprimoramento em dependência química do GREA.